MANFRED LÜER

MIT FOTOGRAFIEN
VON

ANDREAS DURST

RHEINGAU

MIT MITTELRHEIN

WEINE · WINZER · WEINLANDSCHAFTEN

SCHERZ

www.fischerverlage.de

Erschienen bei Scherz, ein Verlag
der S. Fischer Verlag GmbH, Frankfurt am Main

Foto Seite 6: Florian Bolk
Lagen-Karten: Golden Section Graphics, Berlin
Satz: H & G Herstellung, Hamburg
Litho: DieLitho, Hamburg
Druck und Bindung: Himmer, Augsburg
Printed in Germany

ISBN 978-3-502-15181-4

Inhalt

Stuart Pigott
Vorwort 6

Unsere
TOP TEN 8

Manfred Lüer
ZENTRUM DES RHEINGAUS
G7-Gipfel im Rhein-Gebück 11

Manfred Lüer
ÖSTLICHER RHEINGAU
Rheinwein-Paradox 75

Manfred Lüer
MITTEL-RHEINTAL
Der deutsche Grand Canyon 99

Register 136

Die Wiege des Rieslings

Frisches grünes Reblaub sonnendurchstrahlt unter tiefblauem Himmel oder goldene Weinblätter, die im Rot des herbstlichen Sonnenuntergangs farbenprächtig leuchten – das sind die Bilder, die vor unserem inneren Auge aufleben, sobald wir an den Rheingau oder den Mittelrhein denken. In unserem Traum-Rheingau werden sanfte Rebhänge von historischen Schlössern und Klöstern gekrönt, während unser Traum-Mittelrhein ein wildromantisches Tal mit felsigen Steilhängen und Burgen ist, ein wahrer deutscher Grand Canyon. Hier haben Riesling und Spätburgunder offensichtlich ganz tiefe Wurzeln.

All das lässt sich tatsächlich in diesen abwechslungsreichen Landstrichen finden, aber als ich am 4. Januar 1985 aus dem D-Zug in Rüdesheim am Rhein stieg, lag alles unter einer dicken Schneedecke versteckt. Es war nicht meine erste Reise in den Rheingau, aber mit diesem Kälteschock begann meine intensive Auseinandersetzung mit dem berühmtesten aller deutschen Weinbaugebiete, der wichtigsten Keimzelle deutschsprachiger Weinkultur. Es war der Anfang einer Entdeckungsreise, die noch lange nicht zu Ende ist.

Ein kleiner Mann mit großem Geist namens Bernhard Breuer war für mich der Schlüssel zu dieser besonderen Welt des Weins. So überraschend es klingen mag, leidet der Rheingau nach wie vor an vielen Problemen, die mir Breuer damals schilderte. Nach wie vor lässt es sich im Schloss oder Kloster gut auf Lorbeeren ausruhen, und viele kleine Betriebe schaffen es immer noch, die Tagesausflügler des Rhein-Main-Gebiets mit mittelprächtiger Qualität und etwas Geschick im Verkauf abzufertigen. Das lässt den Rheingau seit langem wenig agil oder kreativ erscheinen, manchmal sogar träge und überheblich.

Auf der anderen Seite sind die von Breuer verfolgten Ziele immer noch genauso aktuell für die führenden Winzer des Rheingaus. Punkt eins seines Programms war die Rückkehr zum Wesentlichen, das Überbordwerfen von Modischem und Verstaubtem. »Zurück zur wahren Eleganz!« stand auf seiner Fahne. Bernhard Breuer ist 2004 gestorben, aber sein Motto wird von einer stetig wachsenden Zahl Rheingauer Winzer gelebt und sorgt für Aufbruchstimmung selbst an Orten, wo man der Geschichte kaum entgehen kann.

Am Mittelrhein, Deutschlands bisher einziger Weinkulturlandschaft mit UNESCO Weltkulturerbe-Status (wann wachen die Moselaner endlich auf?), hat die Kombination von teuer zu bewirtschaftenden Steillagen und fehlendem Gebiets-Image zu einem drastischen Schrumpfen der Weinbergsfläche geführt. Einige Steillagen im Tal der Loreley mit großartigem Potenzial sind verlorengegangen. Aber einige solche Juwelen wurden auch gerettet und sind nun Vorbilder für weitere Reaktivierungen. Im alten Tal der deutschen Poesie entstehen neue Rieslinge, die strahlend, rassig und mineralisch schmecken.

Fast so unterschätzt wie die Weine des Mittelrheins sind auch die Gewächse des östlichen Rheingaus zwischen Frankfurt und Wiesbaden. Paradoxerweise ist diese »Riesling-Insel« am unteren Main, wo der Rhein kaum sichtbar ist, der Geburtsort des historischen englischsprachigen Begriff »Hock« (von Hochheim) für sämtliche Rheinweine! Gelungene Weine verbinden hier Körper und Charakterstärke mit belebender Frische auf eine beinahe wundersame Weise, aber stellenweise wachsen auch verblüffend grazile Rieslinge.

Es war mir ein riesige Freude, die Entstehung dieses vorliegenden kleinen Meisterwerks zu erleben. 2005 stieß Manfred Lüer zum Autorenteam von »Wein spricht deutsch« und schrieb (unter anderem) drei spannende und fundierte Kapitel über den Rheingau und den Mittelrhein, ihre besten Winzer und Weine. Doch auch danach ließ ihn das Thema nicht los, und er verfolgte weiterhin intensiv die rasante Veränderung in seiner Wahlheimat (der gebürtige Hamburger lebt seit 2003 in Walluf). Als es an der Zeit war, die Texte aus »Wein spricht deutsch« für »Stuart Pigotts Weinreisen« zu überarbeiten und mit Reise-, Hotel- und Gastronomie-Empfehlungen zu ergänzen, bat er um die Möglichkeit, eine radikale Überarbeitung vorzunehmen. So ist dieses bahnbrechendes Buch entstanden, das gleichzeitig als Reiseführer bestens funktioniert, aber auch ein tief greifendes Psychogramm dieser benachbarten, aber sehr heterogenen Gebiete darstellt.

Der Fotograf Andreas Durst und der Kartograph Jan Schwochow machen die neuen Aspekte dieser Landschaften sichtbar und begreifbar.

Ob Sie sich zu Hause mit einem Glas Riesling oder Spätburgunder von diesem Buch unterhalten und inspirieren lassen oder sofort Ihrem Drang folgen, loszufahren und mit seiner Hilfe vor Ort Geschmacksforschung zu betreiben, Sie haben den Schlüssel zur spannenden Dreifaltigkeit des Weins am Rhein in der Hand.

Ihr

Stuart Pigott

Unsere TOP TEN

1

DIE DREI RIESLING-SCHLÖSSER

Ihre Geschichte und Entwicklung ist untrennbar mit der (Wein-)Kultur des Rheingaus verbunden: die Schlossgüter Vollrads, Reinhartshausen und Johannisberg, die herrlich in der Rheingauer Landschaft gelegen, sich perfekt als Ausflugsziele anbieten.

Schloss Vollrads
D-65375 Oestrich-Winkel
Tel. +49 (0)67 23/6 60
Fax +49 (0)67 23/66 66
E-Mail: info@schlossvollrads.com
www.schlossvollrads.com

Schloss Reinhartshausen
Hauptstraße 41
D-65346 Eltville-Erbach
Tel. +49 (0)61 23/67 63 33
Fax +49 (0)61 23/42 22
E-Mail: service@schloss-reinharts hausen.de
www.schloss-reinhartshausen.de

Domäne Schloss Johannisberg
D-65366 Geisenheim-Johannisberg
Tel. +49 (0)67 22/7 00 90
Fax +49 (0)67 22/70 09 33
E-Mail: info@schloss-johannis berg.de
www.schloss-johannisberg.de

2

RHEINSTEIG

Spektakulär schön, sensationelle Ausblicke auf Weinberge, Burgen und Felsen: der zwischen Bonn, Koblenz und Wiesbaden 320 Kilometer lange Wanderweg Rheinsteig verläuft rechtsrheinisch auf überwiegend schmalen Wegen und anspruchsvollen Steigen. Gut ausgeschildert und engmaschig vernetzt, lädt er zu ambitionierten Fernwanderungen oder abwechslungsreichen Kurztouren ein und ist mit Bahn, Schiff und Auto gut erreichbar.
E-Mail: info@rheinsteig.de
www.rheinsteig.de

3

BRENTANOHAUS

Im Sommersitz der Frankfurter Handelsfamilie Brentano traf sich ein großer Freundeskreis aus Kunst und Wissenschaft rund um Clemens Brentano, einer der Begründer der Rheinromantik. Bettina Brentano mit ihrem späteren Mann Achim von Arnim verbrachte hier viele Sommer, und mit dem Paar kamen so bedeutende Persönlichkeiten wie die Brüder Grimm, der Jurist Friedrich Carl von Savigny und Karoline von Günderode nach Winkel. Und nicht zuletzt Goethe selbst.
Im Westteil des Brentanohauses sind einige Räume noch ganz im Stil der damaligen Zeit erhalten geblieben. Bei regelmäßigen Führungen und literarischen Veranstaltungen können Besucher auch heute noch den Geist jener Zeit spüren, den das Gebäude in seinem Inneren bewahren konnte.

Baron von Brentano
Am Lindenplatz 2
D-65375 Oestrich-Winkel
Tel. +49 (0) 67 23/20 68
Fax +49 (0) 67 23/8 77 92
E-Mail:
brentanohaus@brentano.de
www.brentanohaus.de

4 DIE KIEDRICHER CHORBUBEN

Jeden Sonntag um 9.30 Uhr kann man im Choralhochamt erleben, wie z. Zt. 40 Jungen und Männer in liturgischer Chorkleidung mit Priester und seiner Assistenz ins Gotteshaus einziehen und unter der Leitung des Chorregenten eine lateinische Messe singen. Seit 1333 gibt es diese Art des Chordienstes. Die Kiedricher Chorbuben singen an erster Stelle Gregorianik, aber in einer gotischen Variante des Gregorianischen Chorals im so genannten Germanischen Dialekt.

Kiedricher Chorbuben – Chorstift Kiedrich
Suttonstraße 1
D-65399 Kiedrich
Tel. +49 (0)61 23/28 10
Fax +49 (0)61 23/79 47 73
E-Mail:
info@kiedricher-chorbuben.de
www.kiedricher-chorbuben.de

5 IM ZAUBERBERG

Der spektakulär-schönste Platz im ganzen Rheintal ist der Rüdesheimer Schlossberg. Mit der Niederwald-Seilbahn schwebt man über Reben von Rüdesheim aus hoch hinaus in den Magic Mountain, marschiert dann zu Fuß über den Drachenstein in den weltberühmten Schlossberg über der Burgruine Ehrenfels. Mauereidechsen huschen, Falken kreisen – man ist mitten drin im Zauberberg mit dem genialen Blick über das Nahe- und Rheintal am Tor zum Mittelrhein.

Seilbahn Rüdesheim
Oberstraße 37
D-65385 Rüdesheim
Tel. +49 (0)67 22/24 02
Fax +49 (0)67 22/35 74
www.seilbahn-ruedesheim.de

6 STEINBERG-KELLER

Neues Rheingau-Feeling: Wein präsentiert sich im Riesling-Ursprungsland extravagant, schick und cool – mit ultramoderner Weinarchitektur am historischen Steinberg, dem Lieblingsweinberg der Mönche von Kloster Eberbach. Fünfzehn Millionen Euro wurden verbaut, 1600 Tonnen Stahl verarbeitet – absolut unique in Deutschland! Mit coolen Führungen, Weinproben und lockeren Events wie »Tafeln über den Keltern im neuen Steinbergkeller« mit Party.
www.steinbergkeller.de
Kontrastreich zur Modernen bietet sich dann ein Abstecher zur Wiege der Weinkultur an, zum

Kloster Eberbach
Tel. +49 (0)61 23/9 17 81 00
Fax +49 (0)61 23/9 17 81 01
E-Mail: info@kloster-eberbach.de
www.kloster-eberbach.de

7 RHEINGAUER WEINMUSEUM

Eine spannende Reise durch die Weingeschichte verspricht das Weinmuseum in der mittelalterlichen Brömserburg in Rüdesheim. Die mit 2000 Exponaten von der Antike bis zur Gegenwart älteste weinbezogene Sammlung der Welt bietet einen sehr anschaulichen Überblick über den Weinbau und die Arbeit des Winzers und Kellermeisters im Wandel der Zeit.

Rheingauer Weinmuseum Brömserburg
Rheinstraße 2
D-65385 Rüdesheim
Tel. +49 (0)67 22/23 48
Fax +49 (0)67 22/26 76
E-Mail:
info@rheingauer-weinmuseum.de
www.rheingauer-weinmuseum.de

8 WEINSTAND IN HATTENHEIM

Mit dem Picknickkorb auf den Rheinwiesen bei Hattenheim eine kleine Pause einlegen, dazu ein Glas Wein von wechselnden Hattenheimer Weingütern genießen. Überall im Rheingau gibt es diese Haltepunkte (besonders schön gelegen sind auch die Weinstände in Mittelheim und Eltville).

9 WEINFORUM BURG RHEINFELS

Im stilvollen Ambiente des größten mittelalterlichen Gewölbekellers nördlich der Alpen auf der Burg Rheinfels, eine der großartigsten Burgruinen am Rhein, besteht die einmalige Gelegenheit, die hiesigen, prämierten Weine zu probieren.

Mittelrhein-Wein e.V.
Am Hafen 2
D-56329 St. Goar
Tel. +49 (0)67 41/77 12
Fax +49 (0)67 41/77 23
E-Mail: info@mittelrhein-wein.com
www.mittelrhein-wein.com
und
Burg Rheinfels St. Goar
Schlossberg
D-56329 St. Goar
Tel. +49 (0)67 41/77 53
Fax +49 (0)67 41/77 53
E-Mail: burg-rheinfels@st-goar.de
www.burg-rheinfels.com

10 BURG SOONECK

Die Burg liegt bei Niederheimbach, einem kleinen kurz vor Bacharach gelegenen Ort auf der linksrheinischen Seite. Sie wurde vermutlich im 11. Jahrhundert erbaut und ist heute ein interessantes Beispiel mittelalterlicher Rheinburgenbaukunst, gepaart mit zahlreichen Umbauelementen aus der Zeit der Rheinromantik.

Burg Sooneck
D-55413 Niederheimbach
Tel. +49 (0)67 43/60 64
Fax +49 (0)67 43/94 92 58
E-Mail: info@burgen-rlp.de
www.burgen-rlp.de

Unsere TOP TEN sind eine persönliche Auswahl von Orten und Ereignissen, die wir Ihnen gerne weiterempfehlen möchten. Die Nummerierung stellt keine Bewertung dar.

ZENTRUM DES RHEINGAUS

G7-Gipfel im Rhein-Gebück

Von Manfred Lüer

Den Wein einer Region versteht man nur, wenn man deren Seele begreift, und die Seele des Rheingaus, das ist das kompakte, unbeschreiblich schöne Band von Weinbergslagen, das sich vor den Augen des Betrachters ausbreitet wie die Wogen eines mitten in der Bewegung erstarrten Meers. Vor Millionen von Jahren rollten dort, wo heute der mächtige Bronzekoloss der Germania das Asbach-Städtchen Rüdesheim überstrahlt, mächtige Brandungswellen eines riesigen Urmeers gegen den uneinnehmbaren Wall des Taunusgebirges. Das aufbrausende Wasser spülte geologische Schichten frei, deren komplexe Mineralität den unnachahmlichen Charakter des Rheingauer Rieslings prägt. Noch heute finden sich in den berühmten Weinbergslagen, die sich zwischen Walluf und Rüdesheim auf etwa 25 Kilometer Länge in Ost-West-Richtung im vielzitierten »Kernland« des Rheingaus an die Hänge schmiegen, zahlreiche Spuren einer maritim beeinflussten Flora und Fauna. So werden versteinerte Haifischzähne etwa bei Führungen auf Schloss Vollrads an Kinder mit leuchtenden Augen verschenkt.

Manchmal verstellen aber die erhabene Schönheit eines Landstriches und eine glorreiche Vergangenheit den Blick auf die tatsächlichen Verhältnisse. Der Rheingau, dieses Ehrfurcht gebietende Riesling-Urstromland im Rheinknie, ist so ein Fall. Er ist der Archetypus einer deutschen Weinkulturlandschaft – und mit einem solch natürlichen Potenzial gesegnet, dass es fast schon schmerzhaft ins Auge sticht. Das Taunusgebirge schützt die meist südlich ausgerichteten Weinberge vor kalten Nordwinden, der teils seenartig verbreiterte Rhein sorgt für klimatischen Ausgleich. Die geologischen Formationen aus Quarzit, Schiefer, Lehm-Löss, Mergel oder Sandstein sind facettenreich und ihre Vielschichtigkeit bürgt in idealer Weise für einen komplexen, mineralischen Charakter. Doch wie in Burgund liegen Schrott und Weltklasse dicht nebeneinander, sogar bei Weinen aus einem so berühmten Weinberg wie dem Erba-

Schiefer
Durch enormen Druck entstandenes metamorphes Gestein aus dünnen, leicht spaltbaren Schichten. Es gibt viele Arten von Schiefer, die in Farbe und chemischer Zusammensetzung sehr unterschiedlich sind.

ZENTRUM DES RHEINGAUS

WEINANBAU STÄDTE & DÖRFER

Unsere Top Ten

RHEINGAU-TAUNUS INFORMATION
An der Basilika 11a
D-65375 Oestrich-Winkel
Tel. +49 (0)67 23/9 95 50
Fax +49 (0)67 23/99 55 55
E-Mail:
tourist@rheingau-taunus-info.de
www.rheingau-taunus-info.de

1 Schloss Vollrads
www.schlossvollrads.com
Schloss Reinhartshausen
www.schloss-reinhartshausen.de
Domäne Schloss Johannisberg
www.schloss-johannisberg.de

3 Brentanohaus
www.brentanohaus.de

4 Kiedricher Chorbuben
www.kiedricher-chorbuben.de

5 Im Zauberberg

6 Steinberg-Keller
www.steinbergkeller.de

7 Rheingau Weinmuseum
www.rheingauer-weinmuseum.de

8 Weinstand Hattenheim

Lage
Laut Weinrecht bestimmte Rebfläche (Einzellage) oder die Zusammenfassung solcher Flächen (Großlage) einer oder mehrerer Gemeinden eines Anbaugebiets, aus deren Lesegut gleichwertige Weine gleichartiger Geschmacksrichtungen hergestellt werden.

cher Marcobrunn, der 1726 als erste Lage auf einem deutschen Weinetikett namentlich erwähnt wurde.

Obwohl der gesamte Rheingau mit etwa 3200 Hektar bestockter Rebfläche relativ klein und überschaubar ist und sich vor allem in dem Kernbereich bereits vor über 150 Jahren auf nur eine Rebe, den Riesling, als die Leitsorte der Region festgelegt hat, ist hier alles irgendwie größer, strahlender, gleißender, glamouröser und irgendwie aber auch komplizierter als in den anderen deutschen Weinanbaugebieten.

Denn zur Mentalität dieses Landstriches gehört auch das Kirchturmdenken, eine skurrile Mischung von generöser Weltläufigkeit und provinziellem Schollendenken: eine Art *splendid isolation*. Schon früh schotteten sich seine Bewohner von der Außenwelt ab und sicherten ihre Besitztümer, ihre Kultur mit vielen Freiheiten und Rechten durch das so genannte Gebück, an dessen Verlauf sich auch die heutigen Gebietsgrenzen orientieren. Das bereits im elften Jahrhundert angelegte Gebück verwandelte unter kurmainzischer Ägide den Rheingau quasi in eine Festung. Es bestand aus tiefen Gräben und einem natürlichen Schutzwall aus Bäumen und Hecken. Bei Niederwalluf begannen die ersten Befestigungen – 15 starke Türme und Bollwerke, »Backofen« genannt – und nördlich von Lorchhausen endete diese Grenze. Aufseher wachten streng darüber, dass niemand heimlich Reißaus nahm. So bildete das kleine, liebliche Ländchen mit seiner freien Verfassung gewissermaßen einen Staat im Staate.

Magische Unterwelt: Holzfasskeller im Weingut Leitz in Rüdesheim.

■ Moderne Kellertechnik ist begrüßenswert, solange sie nicht für Trends missbraucht wird. Rheingauer Riesling ist einzigartig und sollte dies auch tunlichst zeigen und bleiben!

Franz Keller III., Adler Wirtschaft, Hattenheim

Doch auch wenn sich der Rheingau mit seiner öno-kulinarischen Kultur à la »Rheingau Gourmet und Wein Festival« und »Glorreiche Rheingau Tage« gerne glamourös, weltoffen und galant gibt, so ist er doch eine Zirkel-Welt für sich, in der Status, Sicherheitsdenken und Renommée eine viel größere Rolle spielen als in jedem anderen deutschsprachigen Anbaugebiet. In diesem Spannungsverhältnis ähnelt der Rheingau frappierend einer zweiten weltberühmten Weinregion, dem Bordelais, dem er – wie Burgund – in den letzten zwei Jahrhunderten nicht nur ordentlich Saures gegeben, sondern das er gegen Ende des 19. und zu Anfang des 20. Jahrhunderts sogar mit großartigen Rieslingen von Weltruf überflügelt hat. Die Rolle des tendenziell blaublütigen Rheingauer Winzers definierte sich so als die eines nonchalanten Superstars im Smoking, der auf Banketten voller Grandeur mit den Größen dieser Welt inspiriert und vielsprachig parlierte und dessen – meist edelsüße oder fruchtige Tropfen – neben einem d'Yquem, Mouton Rothschild, Meursault oder Musigny dem deutschen Wein bei einer festlichen Tafel zu Ruhm und Ansehen verhalfen.

Heute leben wir jedoch im 21. Jahrhundert, und der Rheingau leidet noch immer an den Folgen eines weinbaulichen Reformstaus. Auf Lorbeeren darf man sich eben nicht ausruhen. Wie an der Gironde haben am Rhein die meisten Wein-Dynastien und Flaschen-Barone ihr Zepter längst abgegeben. In den einst adligen Schlössern am Rhein wie Vollrads oder Johannisberg regieren mächtige Konzerne, die engagierte Gutsverwalter als ihre Statthalter eingesetzt haben. Eine neue Konsumentenschicht drängt auf den Markt und diese lässt sich weder von historischen Meriten beeindrucken noch kauft sie in der Mehrheit fruchtige oder edelsüße Weine, die das eigentliche Steckenpferd des Rheingaus waren – denn die ausgeprägte Nebelbildung im Herbst lässt die Beerenhäute schnell weich werden und ist ideal für die Ausbildung der Edelfäule, der *Botrytis cinerea*. Zweifellos befindet sich die globalisierte Weinwelt in einem historischen Umbruch, und der Rheingau, das alte Rieslingbollwerk, ist das beste Beispiel dafür.

Edelsüße
Gebräuchliche Bezeichnung für Süßweine, die aus edelfaulen Beeren oder gefrorenen Trauben (Eiswein) erzeugt werden.

Botrytis
Botrytis cinerea ist ein Schlauchpilz, der die Rebe bei entsprechender Witterung befallen kann und in zwei Formen auftritt: 1. Die unerwünschte Graufäule befällt die grünen Teile der Rebe und lässt sie abfaulen. 2. Die zumeist erwünschte Edelfäule befällt die im fortgeschrittenen Reifestadium befindlichen Traubenschalen und macht sie porös, so dass es durch die nun einsetzende Verdunstung des Fruchtwassers der immer weiter einschrumpfenden Beeren zu einer Konzentration der Geschmacks- und Inhaltsstoffe kommt. Aus solchen Beeren werden edelsüße Weine erzeugt.

Bereits im 13. Jahrhundert hatten die Mönche von Eberbach im Rheingau bedeutende Rebflächen angelegt. Die Abtei stieg im Mittelalter zum führenden kommerziellen Weinerzeuger auf: Es waren die Eberbacher Mönche, die der fast verlorenen römischen Weinkultur im Rheingau auf der Spur waren und ein logistisches Netzwerk von Klosterhöfen, Mühlen und landwirtschaftlichen Domänen schufen. Auf Geheiß von Bernhard von Clairvaux, Abt des gleichnamigen Klosters in Burgund, gründete ein Konvent von zwölf Mön-

Nachfolgende Doppelseite;
Das ist die Seele des Rheingaus: ein unbeschreiblich schönes Band von Weinbergslagen in einem lieblichen Tal oberhalb vom Rhein.

chen in der Abgeschiedenheit des Tales von Eberbach ein Kloster. Sie unterhielten als Zisterzienser enge Beziehungen zu Burgund. Einen weiteren Impuls für die Schaffung des Rheingaus in seiner heutigen Form gab der Klerus um 1100 mit der Gründung des Klosters Johannisberg.

Jahrhundertelang bildete erst der Klerus, dann der Adel den idealen Nährboden für die Erzeugung hochwertiger Weine. Ohne die Entdeckung und Optimierung der späten Lese edelfauler Trauben sowie die Einführung der Riesling-Monokultur im 18. Jahrhundert durch die Mönche von Kloster Eberbach und Johannisberg hätte der deutsche Weinbau wohl kaum jene Bedeutung und weltweite Reputation erlangt, die er zu Ende des 19. Jahrhunderts innehatte und die er nun zurückzuerobern beginnt.

Den wirtschaftlichen, internationalen Durchbruch markiert dabei wohl der bereits von Goethe hochgeschätzte und in Paris gefeierte Kometenjahrgang 1811. Aufwendige Bodenbearbeitung und Pflege des Rebstocks, späte Lese und penible Selektion der Trauben waren schon vor über 150 Jahren obligatorisch. Mitte des 19. Jahrhunderts war der Riesling die klassische Rebe des Rheingaus und gehörte in der Belle Époque zu den begehrtesten Weinen der Welt.

Selektion
Eine Auswahl von besonders reifem oder edelfaulem Lesegut zur Herstellung qualitativ hochwertiger Weine.

Doch gerade die Adels- und Staatsweingüter versanken in den 1970er- und 1980er-Jahren in einen Dornröschenschlaf oder wurden verkauft. Marketingideen aus der Wundertüte, wie die blaue Rheingau-Flasche, wurden zum Gespött der Szene. Zudem vertrauten viele der einstigen Wein-Kulturdenkmäler zu sehr den Segnungen der modernen Kellerwirtschaft, mechanisierten ihre Weinbergsarbeit, setzten auf Masse statt Klasse. Viele Winzer reagierten auf diese Krise, die Mitte der 1990er-Jahre ihren Höhepunkt erreichte, mit ständig wechselnden Konzepten, dann mit einer Tendenz zur Vereinheitlichung des Weingeschmacks teilweise auch mit klotzigem Alkohol. Wache, lebendige und teils auch stahlige Rieslingsäure wurde verpönt und der schnell zu konsumierende, junge Wein, der oft auch seltsam eingängig nach Dosenpfirsich und Aprikosenmarmelade schmeckte, stärker in den Vordergrund gerückt. Das hatte mit Angst vor der eigenen Courage und mit Erntemengen zu tun, mit Marketing, fehlendem Selbstbewusstsein und Vertrauen in die Stärken eines feinfruchtigen, mineralischen Rieslings, vor allem aber mit einer »prosperierenden Ideenlosigkeit«, wie es Jochen Becker-Köhn, der Stellvertretende Gutsdirektor auf Weingut Robert Weil, ausdrückt – vielleicht aber auch mit der Tatsache, dass große *Terroirs* weder genügend verstanden noch adäquat bewirtschaftet wurden.

Denn wer versucht, im Weinberg die nicht unerheblichen Lohnkosten durch Rationalisierung möglichst gering zu halten, spart am falschen Ende. Waren doch die Kardinaltugend des Rheingaus die penible Bewirtschaftung und das gewachsene Verständnis der jeweiligen Lage! Viele Aufzeichnungen – auch aus der Forschungsanstalt von Geisenheim – belegen, dass frühere Generationen sich dem Terroir-Gedanken durch intensive Weinbergspflege und Respekt im Keller verpflichtet fühlten und in Jahrgängen wie 1893, 1911, 1920, 1921 und 1937 großartige Tropfen gekeltert haben, die auch heute noch Ikonen sind und den Ruf des Rheingaus – und des deutschen Weins – begründeten.

Dabei ist ein klassischer Rheingauer ein faszinierendes Paradoxon von Kraft und Finesse, ein imaginärer Verschnitt zwischen Mosel und Pfalz. Er *singt* bereits bei niedrigem Alkoholgehalt, ist körperreich und filigran zugleich. Seine Essenz ist das fruchtbetonte Säurespiel, das den Mund wässrig macht, den Durst löscht und die Sinne anregt. Seine Säure ist weniger pikant und fordernd als die eines Moselweins, sondern eher elegant und stahlig. Lebhaft, spritzig und mineralisch geht es zur Sache, und das im trockenen Kabinettbereich im Idealfall bei erfrischend wirkenden 11,5 Volumenprozent Alkohol. Ein perfekter Rheingauer ist von seiner Struktur her klar, mineralisch, komplex und rein, die schwungvolle Säure steht in perfekter Balance mit den Phenolen und Fruchtaromen. Die Weine haben jene Kraft und Länge, den Schliff und Schwung, den die Pfälzer oft vermissen lassen.

In seinen Anfangszeiten war der Rheingau durchaus ein Bauernland mit Bürgerrechten. Die Mainzer Erzbischöfe, die seit 983 das Zepter in der Hand hielten, gewährten viele Freiheiten. »Rheingauer Luft macht frei«, hieß es, weil die Bewohner des Rheingaus zwar den Erzbischof von Mainz als ihren Herrn anerkannten, aber weder leibeigen noch hörig waren. Genau diese Freiheit nimmt sich die neue bürgerliche Wein-Elite zu Herzen, der es im Wesentlichen um zwei Faktoren geht: bessere Traubenqualität im Weinberg und mehr Respekt im Keller. Inoffiziell haben sich die Güter Leitz, Kühn, Spreitzer, Jung, Prinz, Lang und Künstler zur »G-7-Gruppe«

Terroir
Französische Idee mit 1001 Definitionen. Der Ausdruck »Terroir« wird auch im deutschsprachigen Raum immer häufiger gebraucht, um den durch die Herkunft geprägten Charakter eines Weins zu erklären oder hervorzuheben.

Säure
Wichtige Komponente im Wein bezüglich Geschmack und Qualität, aber auch Stabilität und Haltbarkeit.

Kabinett
Prädikat für einen – theoretisch – leichten, feinfruchtigen und spritzigen Wein, der traditionell aus eher grünen als gelben oder gar goldenen Trauben bereitet wird. In den letzten Jahren sind viele Kabinettweine allerdings alles andere als leichtfüßig.

zusammengeschlossen. Sie feilen unermüdlich an der Revolution des trockenen Rheingauer Rieslings, die bereits in den 1980er-Jahren durch den 2004 verstorbenen Bernhard Breuer und die – inzwischen leider verebbte – Charta-Bewegung ihren Anfang nahm. Sind die neuen Avantgarde-Winzer des Gebietes gar die wahren Traditionalisten? Wer sich heute auf die Suche nach großen Rheingauern macht, muss sich auch den historisch weniger bedeutenden Orten nähern und mutig die touristisch interessante Reihe der Schlösser, Burgen und Adelshäuser zwischen Eltville und Geisenheim verlassen, die an der B 42 so imposant daherkommen.

Weingut Josef Leitz
Theodor-Heuss-Straße 5
D-65385 Rüdesheim
Tel. +49 (0)67 22/4 87 11
Fax +49 (0)67 22/4 76 58
E-Mail: johannes.leitz@leitz-wein.de
www.leitz-wein.de

Wie muss sich der 14-jährige Johannes Leitz vom WEINGUT JOSEF LEITZ in Rüdesheim gefühlt haben, als ihn sein Stiefvater in den 1980er-Jahren »in die Weinberge quasi rausgeprügelt hat«? Damals musste der schwachbrüstige Bub, der heute wettergegerbte Hände mit Handtellern wie Bärenpranken hat, seiner Mutter helfen, nach dem frühzeitigen Tod des Vaters über die Runden zu kommen. Das Weingut lief nur als Nebenerwerbsbetrieb, Haupteinnahmequelle waren ein Gärtnerei- und Blumengeschäft. Im Rüdesheimer Rottland konnte er bei der Arbeit das Gelächter aus der Drosselgasse hören. Schloss Johannisberg nannte er nur »das Schloss«. Sein Lebensmotto verkündete ein Bild mit gotischer Schrift, das er als Kind oft betrachtete: »Sorge, doch sorge dich nicht zu viel, es kommt doch wie Gott es will.«

1985 verantwortete Leitz seinen ersten Jahrgang. Zu Beginn der 1990er-Jahre, praktisch auf dem Höhepunkt der Qualitätskrise im Rheingau, zählte Johannes Leitz zu der Handvoll Produzenten, bei denen man die Weine blind kaufen konnte. Bei zahlreichen Wettbewerben setzten sich seine Rieslinge an die Spitze der Rheingauer Weine. Der Durchbruch kam mit der 1990er Auslese trocken aus dem Rüdesheimer Schlossberg – auch nach über 15 Jahren noch ein echter *Bladerunner*!

Auslese
In Deutschland und Österreich weingesetzlich geschützte Bezeichnung bzw. Prädikat für Weine mit einem Mindestmostgewicht von 100° Öchsle bzw. 21° KMW. Ein solcher Wein ist in Österreich obligatorisch süß, während es in Deutschland auch trocken ausgebaute Auslesen gibt. Das jeweils notwendig hohe Mostgewicht wird allein mit vollreifen bzw. überreifen und edelfaulen Trauben erzielt. In der Regel werden sie ausgelesen.

Heute ist Johannes Leitz mit seinen dichten, mineralischen, vorwiegend trockenen Rieslingen nicht nur an der Spitze im Rheingau angekommen, sondern seine besten Gewächse zählen zu den großartigsten Rieslingen überhaupt. Johannes Leitz hatte frühzeitig den Terroir-Gedanken aufgegriffen, und seine enorm feinstrahligen Rieslinge, die nach der perfekt gereiften Beere schmecken, werden mit aufsteigender Höhe der Weinberge im Rüdesheimer Berg immer puristischer, gradliniger und mineralischer. Daher schätzt Johannes Leitz auch seine Bergweine am meisten. Vor allem spielt die Rieslingsäure hier nicht die dritte Geige, sondern dirigiert ein ganzes Orchester von herrlich saftigen

Großer Mann ganz klein: Riesling-Magier Johannes Leitz im Rüdesheimer Zauberberg.

Aromen. Mittlerweile ist das Gut durch die jüngste Übernahme des Erbslöh'schen Weinguts in Geisenheim auf stattliche 33 Hektar angewachsen, und es gibt vier Grundlinien, die Eibinger Lagen wie Magdalenenkreuz, Klosterberg und Kirchenpfad, die Lagen des Rüdesheimer Oberfeldes wie Bischofsberg und Drachenstein sowie als Sortimentspitze die Rüdesheimer Berglagen (Rottland, Schlossberg, Roseneck, Kaisersteinfels). Der saftige trockene Gutsriesling Josef Leitz aus dem unterschätzten Geisenheimer Rothenberg bildet die vierte Grundlinie: ein absolut gradliniger Wein mit nachhaltiger Frische. Dieser exemplarische Gebietswein wird wie der Gutswein Rüdesheimer, Riesling Spätlese trocken, mittlerweile aus eigenen Trauben gekeltert. Eine regelrechte Saftbombe ist der Riesling Kabinett feinherb aus dem Rüdesheimer Kirchenpfad, für Johannes Leitz ein regelrecht auffrischender Sorbetwein von einem sandig fein verwitterten Löss-Lehm-Boden.

Der Bischofsberg als unterster trockener Lagenwein bildet den Übergang zwischen mittlerem und oberem Rheingau: Es wird steiniger, in den Löss-Lehmboden mischt sich Taunus-Quarzit, und die Rieslinge schmecken gradliniger, die Frucht ist feiner, mit Noten von Pfirsich und Aprikose. Eine ganz wunderbare Quintessenz des Rüdesheimer Bergs ist der trockene mineralisch-würzige Riesling Magic Mountain. Das ist Rheingauer Riesling pur!

Aus dem Rüdesheimer Berg Rottland keltert Johannes Leitz einige der packendsten trockenen Rieslinge Deutschlands.

Am Fuß vom Rüdesheimer Berg liegt der Rottland mit seinem geschichteten, bröselig verwitterten grauen Schiefer, wo Leitz Parzellen mit 50- bis 60-jährigen Rieslingreben gehören. Der trockene Wein besitzt eine warme Aromatik und eine fast schon an Rotwein erinnernde Fülle, er ist überbordend, ja kraftstrotzend. Er hat von allem fast schon zu viel und prunkt mit einem Aroma von Aprikose, Mango und Litschi, ist aber in einem Jahrgang wie 2007 präziser, schlanker und fester – jedoch ohne an Größe zu verlieren.

Höher hinaus geht es dann in den Schlossberg, dessen Boden vor allem aus Schiefer und Quarzit besteht. Die Frucht ist exotischer und schmeckt nach Limone, Melone, auch überreifes Bananenmus ist dabei, unterlegt durch eine florale Würze, getragen von einer analytisch zwar mitunter katastrophal niedrigen, aber rassigen Säure. Die trockenen Weine haben bei aller Fülle und Dichte eine enorm muskulöse Festigkeit und Statur, schmecken wie eine Rheingauer Quintessenz aus der Mosel, was die Mineralität und die Feinheit betrifft, vom Körper her aber fast schon wie aus der Pfalz. Dabei paart vor allem die fruchtige Spätlese mit ihrem auf die Spitze getriebenen Spiel grandios noble Eleganz mit beinahe dionysischer Fülle! Sie kann es selbst mit edlen Kreszenzen von Egon Müller-Scharzhof in Wiltingen/Saar und Helmut Dönnhoff in Oberhausen/Nahe problemlos aufnehmen. Einige der raren Riesling Trockenbeerenauslesen sind Rieslingnektar von ambrosischer Fülle.

Trockenbeerenauslese (TBA)
In Deutschland und Österreich gesetzliche Bezeichnung für hochkonzentrierte edelsüße Weine, die aus rosinenartig geschrumpften Beeren erzeugt werden.

Ein richtiges Paradoxon ist der Roseneck, der etwa als trockener Wein im Jahrgang 2005 ein geradezu elektrisierendes Säurespiel und aromatische Fülle bei nur 11,5 Volumenprozent Alkohol zeigt. Gleichzeitig so leicht und so stark im

Ausdruck, das ist mustergültige Rheingauer Art! Aus dem Roseneck kommt auch eine der besten fruchtigen Riesling-Spätlesen Deutschlands, die leichtfüßiger und rassiger als das Pendant vom Schlossberg schmeckt. Das Säurespiel ist geradezu elektrisierend, die tiefe Mineralik belebend: die Quintessenz des Berges und eine Spielart des Rheinweins, die klassisch, duftig und geradezu beschwingt gerät!

Der Lieblingsweinberg von Leitz, der wegen seiner ungebremsten Energie im Wingert schon mit dem »tasmanischen Teufel« verglichen wurde, ist jedoch der Kaisersteinfels: steinige Terrassen aus Quarzit mit ausgeprägtem Kleinklima. Die Trauben hatten früher durch den Kaltluftabfluss des angrenzenden Waldes oft eine grüne, pikante Note, was sich im Zuge der Klimaerwärmung heute etwas abgemildert hat. Der meist trocken ausgebaute Kaisersteinfels-Wein ist ein Wein für Puristen und belegt das enorme Potenzial der Höhenlagen im Rheingau bei zunehmender Klimaerwärmung. Dieser Wein ist hart, weiß, hell, seine mineralische Würze ist stark ausgeprägt, die Frucht eine spannende Liaison zwischen Zitrusfrüchten.

Kleinklima
Klima eines kleinen geographischen Raums, etwa einer Lage oder gar Parzelle.

Das Entscheidende und Innovative an Leitz ist jedoch sein Misstrauen allem Lehrbuchwissen und aller Technologiegläubigkeit gegenüber. Und das in einer Region, die durch die Nähe zur Weinforschungsanstalt in Geisenheim von önologischem Gedankengut geradezu durchdrungen ist, deren Weine oft zu gemacht und standardisiert schmecken!

»Es gibt keinen, der die Weinberge so sehr liebt wie ich«, sagt dieser Vollblutwinzer. Stundenlang kann er seine besonders klein- und lockerbeerigen Leitz-Trauben mit den aromenintensiven »etwa 35 bis 40 Beeren« zeigen und was er im Weinberg anders macht als andere. Da ist zum einen der Kordonschnitt mit den vielen Metallstecken, mit denen er punktgenau die Rebarme in gleichmäßiger, paralleler Linie bodennah anheftet. Diese Methode hält er dem üblichen Bogenrebenschnitt für überlegen, da die Ausreifung homogener ist, die Trauben klein- und lockerbeeriger sind. Aromatische Beeren sind genau das, was Qualitäts-Winzer wollen. Je kleiner die Beeren, desto besser das Verhältnis von Aroma- und anderen Inhaltsstoffen in der Schale zum Saft, und um so intensiver und aromatischer ihr Geschmack; und

Kordonschnitt
Spezieller Rebschnitt bei dem eine oder mehrere Ruten aus dem Vorjahr oder früheren Jahren stehengelassen werden und kleine Zapfen entlang dieser Rute(n) geschnitten werden. Kordonschnitt führt tendenziell zu einer geringen Anzahl kleiner Trauben. Der Nachteil: Die Trauben sind kompakt und neigen zu Fäulnis.

Nachfolgende Doppelseite: Blick aus dem Rüdesheimer Berg auf die Nahemündung bei Bingen. Vor 100 Jahren wurden die Naheweine noch unter der Bezeichnung »Rheinwein« verkauft.

je luftiger die Beeren hängen, desto geringer die Gefahr, dass Fäulnis sich breitmacht oder Krankheiten ausbrechen. Auch wenn es auf den ersten Blick nicht so aussehen mag, bewirtschaftet Leitz seine Weinberge noch intensiver als fast alle seine Kollegen. Der enorme Aufwand bei der Laubarbeit zielt darauf, Beeren zu erhalten, die so aromatisch wie nur möglich, aber ohne Überreife oder Fäulnis sind: Hier ist der Unterschied schon im Wingert deutlich schmeckbar!

»Grünes Laub gibt grüne Trauben«, sagt der im Rheingau beinahe konkurrenzlose Rüdesheimer. »Die Rebe muss leiden und ist bei mir immer ein Stück weit unterversorgt. Doch dann schmecken die Beeren gerade am besten. Im Grunde will die Rebe gar nichts anderes, als möglichst viele Trauben zu produzieren, die dann von den Vögeln gefressen werden sollen, damit die Kerne sich möglichst weit verbreiten kann. Das muss man unterbinden! Es geht im Grunde nur darum, für das richtige Maß an Stress zu sorgen. Mein Dozent an der Eltviller Meisterschule sagte immer: ›Die Rebe muss aus dem Vollen schöpfen.‹ Und ich sage: Die Rebe muss leiden.«

Im Keller, dem Reich der hochtalentierten, jungen Kellermeisterin Eva Fricke (siehe Seite 132), wird dann alles rasch, doch behutsam verarbeitet: Lange Vorklärung und dann werden die Weine in dem kühlen 100 Jahre alten Keller mit wilden Hefen vergoren. Zusammen mit den extrem niedrigen Erträgen und einer späten Lese führen diese traditionellen Ausbaumethoden zu fest strukturierten, nachhaltigen Weinen mit einer intensiven, deutlich die Herkunft widerspiegelnden Mineralität.

Vorklärung
Bei der Vorklärung wird der grobe Trub von dem frisch gepressten Most getrennt. Dies geschieht entweder durch Absetzenlassen des Trubs oder durch Abstich des klaren Mosts durch Filtration oder durch Schleudern in einem Seperator. Ein sauberer Most ist die Grundlage für einen sauberen Weißwein.

In das gleiche Horn stößt Öko-Winzer PETER JAKOB KÜHN aus Oestrich-Winkel, ein begnadeter Wingertmann, der im mittleren Rheingau für Rieslinge steht, die mit einer enormen Frucht- und Würzsubstanz aufwarten, aber ebenfalls durch und durch Rheingau-typisch mineralisch sind und Zeit brauchen, um sich zu entfalten. Sein Motto: »Wenn alles sich gleicht, zählt nur der Unterschied!«

Weingut Peter Jakob Kühn
Mühlstraße 70
D-65375 Oestrich-Winkel
Tel. +49 (0)67 23/22 99
Fax +49 (0)67 23/8 77 88
E-Mail: info@weingutpjkuehn.de
www.weingutpjkuehn.de
Öffnungszeiten: Mo.–Fr. 9–19 Uhr, Sa. und So. 11–17 Uhr (November bis April So. Ruhetag)

Die Konsequenz, mit der Peter Jakob Kühn seine Vision umsetzt, mag wie eine Provokation wirken. Doch seine revolutionären Rieslinge sind durchaus Zukunftsmusik! Um das zu verstehen, muss man aber tief in die Materie eintauchen.

Provozierend sind vielleicht auch die Methoden von Peter

Der Enthusiasmus ist in jeder Geste spürbar: Die neuen Ökoweine von Peter Jakob Kühn sind ebenso radikal wie visionär.

Jakob Kühn. So hat der Oestricher 2002 mit der Maischegärung auch bei seinen Weißweinen begonnen und ist damit völlig aus dem Gebietskontext herausgetreten. Liegt die Maischestandzeit bei Weinen wie Quarzit und Landgeflecht schon zwischen ein bis vier Tagen (was durchaus in bester Rheingauer Tradition steht), so haben die großen Lagenrieslinge wie Doosberg und Nikolaus 2007 mit einem Maischegäranteil von 30 Prozent sechs Wochen auf den Beeren gegoren. Bei diesem Verfahren greift der durch Gärung entstehende Alkohol die Schalen an, baut sie ab und extrahiert Aromen, Farbe und Tannine.

Dieses Verfahren aus der klassischen Rotweinbereitung

Maischegärung
Die Gärung des Mosts erfolgt auf der Maische, d. h. im Kontakt mit den Beerenschalen.

Maischestandzeit
Zeitspanne, während der der noch unvergorene oder gärende Rot- oder Weißweinmost bzw. Jungwein auf der Maische, den gemahlenen Trauben, liegt.

Tannine
Die auch Gerbsäure oder Gerbstoffe genannten Tannine gehören zur Gruppe der Phenole. Vor allem junger Rotwein (und auch Tee) enthält hohe Mengen an Tanninen, die im Mund ein charakteristisches Gefühl von Trockenheit, ein Zusammenziehen der Schleimhäute verursachen. In Weißweinen spielen sie eine kleinere aber auch bedeutende Rolle, zu viel davon macht den Wein grob und stumpf, zu wenige Tannine können ihn ausdruckslos erscheinen lassen.

ist bei Weißwein absolut ungewöhnlich. Für Peter Jakob Kühn haben Tannine jedoch eine besondere Bedeutung: »Dicke Häute, gefördert durch Belüftung und Sonneneinstrahlung, sind der effektivste Pflanzenschutz, den wir haben. Relativ früh entfernen wir einen Großteil der Blätter, damit die winzigen Beeren gleich mit der Sonne aufwachsen. Hinzu kommen unsere Kontaktmittel aus dem Bio-Anbau wie Ackerschachtelhalmtee und Weidentee, die auf der Beerenhaut zu einer Reizung führen, der eine Verdickung der obersten Zellschichten folgt.« So gibt der höhere Tanningehalt Eigenständigkeit, aber auch ein stoffiges, dichtes, griffiges Mundgefühl.

Kühn glaubt jedoch, dass die Rieslinge vor 100 Jahren genauso geschmeckt haben: »Das waren keineswegs diese spritzigen, modernen Früchtchen!« Entscheidend sei allein die Qualität der Tannine: »Wir haben durch den Öko-Anbau vor allem mehr im Weinberg revolutioniert! Die Dynamisierung durch Präparate und Teeanwendungen gibt ein ganz anderes Gefühl, eine ganz andere Atmosphäre in den Rebzeilen. Wenn man nach einer Teespritzung in den Wingert geht, möchte man sich hinsetzen, sein Brot auspacken und ein Gläschen Wein trinken. Wenn man früher gespritzt hat, wollte hinterher niemand in die Rebzeilen. Heute haben wir eine Atmosphäre, die ein freudiges Empfinden schafft. Jedes Pflänzchen will blühen, anderswo wird sonst alles kurzgehalten, das gibt nur unnötigen Stress – genauso wie das Abgipfeln der Triebspitzen, worauf wir verzichten.«

Die guten Tannine schützen nicht nur die Beere wie die Rinde am Baum vor Pilzbefall, sondern sind Oxidationsschutz, die dem Wein zusammen mit der Hefe Stabilität geben, ohne dass man viel schwefeln muss: »Es wird bei uns wenig und sehr spät geschwefelt. Wir geben den Schwefel in kleinen aufeinanderfolgenden Dossagen, damit ihn der Wein bekömmlicher verarbeiten kann.« Gerade mit dem frühen Schwefeln in dazu noch hohen Dosen steht der Öko-Winzer auf dem Kriegsfuß: »Es sind oft nicht einmal fertige Weine, da bekommen sie schon den Vorschlaghammer. Schwefeln ist ein ganz gravierender Eingriff bei der Weinwerdung.«

Peter Jakob Kühn setzt hingegen auf Vitalität, cremig eingehüllte Mineralität und komplexe, tief gestaffelte Aromen – statt auf früh verständliche Fruchtigkeit im landläufigen Sinne. Von einer uniformen, »klinisch-reinen«, durch den Einfluss von maßgeblichen Weinlaboren geförderten »Porentief-Stilistik« hält Kühn nichts: »Es gibt andere Aromen, die weiniger und zugleich bekömmlicher sind als die von Alkoholmonstern. Ich möchte nicht ein Wettrennen um den höchsten Alkoholgehalt machen, sondern da eher über die Tannine gehen, weil die Weine dadurch Dichte und Tiefe bekommen – aber absolut trinkbar bleiben. Ich wollte gucken, was es noch für Aromen gibt, die man sich erschließen kann, ohne dass man viel Alkohol will. Also eher kräutrig-würzige Noten. Und es funktioniert!«

Bereits im Winter werden im Weinbau die Weichen für Qualität gestellt.

Die niedrigen Erträge bauen hier ein richtiges Fundament auf, das die Tannine bestens verkraftet. Diese weisen so sogar auf ein besonders harmonisches Gleichgewicht hin! Außerdem: Im Keller setzt Kühn nur das um, was im Weinberg als Ort der Schöpfung entsteht, und so steht die Maischegärung letztlich immer im Dienst des inneren Gefüges seiner Weine – und ist kein Dogma. Alle Maßnahmen haben nur ein Ziel, wie der junge Önologe Alexander Mittlmeier meint, der seit Juli 2008 bei Kühn arbeitet: »Ursprünglichkeit! Weine sind ursprünglich, wenn sie sich durch ein vielfältiges, harmonisches Gleichgewicht auszeichnen und dabei lebendig sind. Um das zu erreichen, müssen wir alle Substanzen aus der Traube einbeziehen, eben auch die Tannine. Um eine Beethoven-Symphonie aufzuführen, braucht das Orchester ja auch alle Instrumente, nicht bloß ein paar Streicher und eine vereinsamte Posaune: Musik wie Wein fehlen sonst Bass, Rückgrat, Klangkörper! Nur durch ihre Vollständigkeit können Weine zu einem Abbild der natürlichen Vielfalt werden.«

Zudem sind im Sinne einer möglichst puren Materie die durchgegorenen Rieslinge R, Nikolaus, Doosberg und Schlehdorn 2007 nicht gefiltert. »Weine werden spröde gemacht durch scharfe Filtrationen«, sagt Peter Jakob Kühn, »das wirft zugleich die Frage nach den eingeengten Verkostungskriterien auf: Ein Wein, der keine Kohlensäure und kaum Schwefel hat, ist angeblich nicht jung und nicht frisch … Diese Definition ist eine Katastrophe! Früher gab es keinen gekühlten Keller, keinen Kohlensäurezusatz. Heute sagen wir, Riesling muss frisch sein. Aber was heißt das schon? Jemand, der zur Ruhe kommen, der einen Einklang erleben will, findet doch keinen Zugang zu einem gemachten und total manipuliertem Riesling. So ein technologischer Wein kann keinen tiefen Genuss erzeugen, denn er lebt nicht!«

»Die Winzer haben die Biologie des Bodens verlernt«, sagt Kühn, während er in seinem Weinberg die krümelnde, fein duftende Erde durch die Finger rieseln lässt. »Der Mensch kann aber auf Dauer erfolgreich nur mit der Natur arbeiten, niemals gegen sie. Wir müssen den Böden etwa durch Kompost Hilfestellung und Zeit geben, sich wieder zu regenerieren. Denn die Reben brauchen ein gesundes, natürliches Umfeld, damit der Mensch aus ihren Trauben große, individuelle Weine machen kann.«

Damit sich der Charakter eines Weines voll entfalten kann, gönnt Kühn seinen Weinen ein langes Feinhefelager und füllt seine besten Rieslinge wie Oestricher Doosberg,

Amphorenwein aus der Gitterbox: Peter Jakob Kühn sucht das Ursprüngliche im Wein.

Mittelheimer St. Nikolaus und Kühn R erst im September nach der Ernte ab. Noch länger im klassischen Halbstückfass reift der trockene Riesling Schlehdorn, ein im Jahrgang 2006 erstmals gekelterter, unfiltriert abgefüllter Wein. Er bleibt 1,5 Jahre im Fass. Auch das steht in deutlichem Kontrast zu der im Rheingau gängigen Praxis, viele Weine schon früh auf die Flasche zu ziehen.

Halbstückfass
Das 600 Liter fassende Halbstückfass ist im Rheingau ein gebräuchliches Gebinde, in dem der Wein traditionell ausgebaut wird, halb so groß wie ein Stückfass.

Die drei bekanntesten Lagen – Lenchen, Nikolaus und Doosberg – galten zwar früher schon als gute Weinberge, aber dank Angela und Peter Jakob Kühn kommen von hier jetzt einige der besten trockenen, fruchtigen und edelsüßen Weine des modernen Rheingaus. Selbst im nicht einfach zu meisternden Jahrgang 2006 sind die Weine noch vitaler, spannungsreicher, rassiger und natürlicher im Ausdruck geworden. Eine Steigerung des Stils heißt hier: mehr Konturen, noch individuellere Weine, noch ausgeprägtere Nuancen und noch weniger Alkohol.

Das beste Stück des Lenchens erstreckt sich in einem schmalen Streifen entlang dem Pfingstbach in Nord-Süd-Richtung. Hier entstehen ausgewogene, gradlinige Rieslinge, die wunderbar reifen können. Die untere Hälfte des Doosbergs profitiert von einer oberflächennahen Grundwasserführung. Die hiesigen Weine sind in der Regel fülliger und gleichzeitig fester strukturiert als ihre Pendants aus dem benachbarten Lenchen.

Für regelrechten Aufruhr sorgten ab 2003 vor allem die trockenen, goldgelben, aber überhaupt nicht oxidativen Spitzenrieslinge aus dem Nikolaus! Vom Start weg führten sie die überholte Auffassung ad absurdum, wie denn ein typischer Rheingauer zu schmecken habe. Nur 150 Meter vom Rheinufer entfernt liegt an der Winkeler Aue in Mittelheim dieser kleine, wenig bekannte Weinberg. Der mächtige Rheinstrom sorgt seenartig als Wärmespeicher für ein exponiertes Reifeklima. Schwachwüchsige, rund 60–80 Jahre alte knorzige Reben haben hier schon viele Sommer wie Winter kommen und gehen gesehen. Sie stehen auf reinem Lössboden und liefern nur sehr niedrige Erträge, die vor außergewöhnlicher Aromenintensität von gelben Früchten und Honig jedoch nur so strotzen.

Goldgelb fließt dieser trockene Rieslingnektar ins Glas und zeigt eine – nicht nur für den Rheingau – rare Frucht-

und Würzsubstanz. Dank seiner präzisen Reife ist er sensibel und mächtig zugleich, sorgt in intensiver Aromendichte für ein nachhaltiges, zuerst kaum zu beschreibendes Mundgefühl. Der beeindruckende Nikolaus mit enormer substanzieller Tiefe erinnert an eine vollreife, aufgeschnittene, saftige Honigmelone, über die eine ordentliche Prise von Meersalz geträufelt wurde: exemplarisch für den spannungsreichen, vitalen Stil von Kühn, der authentischen Herkunfts-Charakter zeigt. Ganz zu schweigen von dem Schlehdorn, der das unwiderstehliche Kühn'sche Riesling-Spiel noch eins höher treibt und aus einem alten, dem Rhein nahen Kernstück des Mittelheimer St. Nikolaus mit 80-jährigen Reben stammt. Der Wein strahlt eine innere Ruhe aus, hat eine dichte Beschaffenheit wie Samt – aber ohne von der Schwerkraft gefangen zu sein. Vor allem schmeckt er tatsächlich nach Schlehen in feinster Form. Ausgewiesen ist dieser Ausnahme-Riesling lediglich als Deutscher Tafelwein, laut Angela Kühn, »weil wir uns dann wegen der leichten Trübung des Weins keine Gedanken um die Erteilung der Amtlichen Prüfungsnummer machen mussten«. Das ist Understatement pur – zumal der im Jahrgang 2006 erstmals vinifizierte Schlehdorn von Beginn an Qualitätsmaßstäbe setzte, weil er für eines steht: filigrane Tiefe, nicht flache Breite. Noch extremer ist nur der im Herbst 2008 abgefüllte trockene Riesling aus der Amphore. Dieser Wein aus dem Oestricher Doosberg ist gerade im Kontext des mitunter doch recht trendgerecht geschliffenen Rheingaus ein echter »Ecken-und-Kanten«-Charakter, kein Gaumenschmeichler, aber voller herrlicher Würzaromen als Teil seines originellen Wesens!

Tafelwein
Laut Weingesetz bezeichnet der Begriff Tafelwein die unterste Qualitätskategorie des Weins, die keiner Qualitätsprüfung unterliegt. Gelegentlich aber werden hochwertige Weine, die stilistisch sehr unkonventionell sind, als Tafelwein vermarktet.

Angela und Peter Jakob Kühn haben den Wandel von dem an Primärfrucht und früher Zugänglichkeit orientierten Hightech-Betrieb zum ökologisch arbeitenden Lowtech-Weingut bewusst vollzogen und wurden dabei anfangs durchaus sogar verspottet und belächelt. Glücklicherweise verkaufen sie heute ihre Weine wesentlich besser und zu höheren Preisen als manche ihrer Kollegen – was einige Winzer bereits zum Umdenken veranlasst hat. Und trockene Rieslinge wie der mineralisch-rauchige Quarzit und der überbordend nach Kumquats schmeckende Landgeflecht sind richtige Renner und werden ganz sicher keine vorübergehenden Erscheinungen sein, sondern sind für die Zukunft gebaut!

Geschmack ist machbar, das vermitteln viele ordentlich gemachte Rheingauer Weine und insbesondere einige der Ersten Gewächse mit ihren oft eingängigen Aromen, der abgemilderten Säure und ihrem oft recht wuchtigen Alkohol. Große Weine indes erkunden die Grenzräume zwischen Ordnung und Chaos. Sie lassen sich nicht ohne weiteres bei einer Ersten-Gewächs-Prüfung in einer möglichst steril gehaltenen Laboratmosphäre binnen weniger Minuten erfassen und lösen auch Kontroversen aus. Allerdings gehen jüngste Tendenzen ganz klar in eine positive Richtung, und man versucht die Rahmenbedingungen bei der Prüfungs-Verkostung weiter zu optimieren, die Verkoster auch in puncto Stilistik weiter zu schulen und den Rieslingen mehr Zeit zur Entfaltung zu geben. Auf der anderen Seite können spannende Weine auch kippen, wenn der kellerwirtschaftliche Bogen überstrapaziert wird. Man weiß in ihrer Jugend nie, wie sie sich entwickeln.

»Und auch die Vinifikation des *terroir*-Weins vollzieht sich entlang von Grenzen«, schreibt Moselwinzer Reinhard Löwenstein im »Feinschmecker« 2001, »besonders im Übergangsbereich von Handeln und Geschehenlassen. (…) Und letztendlich ist auch der Genuss eines großen Weins eine Grenzerfahrung. *Terroir*-Weine helfen, die uns bekannten Normen zu überwinden, und erlauben uns damit, Dinge zu schmecken, die der ordentlichen Welt verschlossen sind. Sie faszinieren, weil sie eben nicht eindeutig sind, weil sie uns immer verunsichern, gar provozieren.« Dagegen sind Mittelstreifen-Rieslinge langweilig. Auf lange Zeit können sich die besten Rheingauer Rieslinge nur über originären Charakter profilieren. Doch damit tut sich der Rheingau schwer; die Kritik der letzten Jahre, das Fehlen von Leitbildern und Absatzprobleme haben den Superstar a. D. verunsichert.

Vinifikation
Der gesamte Prozess der Weinbereitung vom Keltern bis zum Vergären des Mosts.

Im Mittelpunkt der Kritik bei dem 2000 gesetzlich verankerten Projekt »Erstes Gewächs« stand vor allem die Ausweitung der als würdig befundenen Lagen auf rund ein Drittel der Rebfläche im Rheingau. Dagegen wurden zweifellos »Grand-Cru-Lagen« – wie der Rauenthaler Nonnenberg vom Weingut Georg Breuer in Rüdesheim – ausgeklammert, weil dort u. a. der Reifeverlauf und Zuckeraufbau von den als relevant erachteten 83 Grad Öchsle in einem durchschnittlichen Jahr bis Anfang Oktober nicht erreicht werden

Erstes Gewächs
Im Gegensatz zum Großen Gewächs seit dem Jahr 2000 im Rheingau gültige gesetzliche Bezeichnung für unter strengen weinbaulichen und önologischen Auflagen erzeugte meist trockene Rieslinge und Spätburgunder aus entsprechend klassifizierten Lagen.

konnten. Nach Ansicht des Pioniers Bernhard Breuer, der 1992 zusammen mit drei anderen Kollegen wie Norbert Holderrieth die »Ur-Ersten-Gewächse« auf den Markt brachte, wurden jedoch »mediokre Lagen in Rheinnähe« aufgenommen – später trat Breuer gar aus dem VDP aus. Befürworter dieses Konzeptes wie Wilhelm Weil halten dagegen, dass durch die strenge Trichterwirkung der Verkostung nur relativ wenige Weine überhaupt als würdig befunden werden. Doch genau da setzt die Kritik an: Denn in den letzten Jahren sind einfach zu viele eher »schwachbrüstige«, im Alkohol eher klotzige und breite und auch relativ hoch in der Süße liegende Weine auf den Markt gekommen – für das Erste Gewächs sind 13 Gramm Restzucker, also vier Gramm mehr als für offiziell trockene Weine, erlaubt. Das ist eine Möglichkeit, die manche Winzer auch voll ausschöpfen. Die beteiligten VDP-Winzer einigten sich in einem internen Beschluss auf neun Gramm als Höchstgrenze, was zwar löblich ist, die Sache aber eher noch verzwickter macht. Zudem wurde sogar der eine oder andere sehr früh reifende oder gar mit einer »Untypischen Alterungsnote (UTA)« versehene Wein unter der vielgepriesenen und nicht gerade günstigen *Haute-Couture*-Sparte des Rheingaus vermarktet. Und wenn der Verdacht auf eine ziemlich stromlinienförmige Verkostungspraxis nahe liegt, zumindest formulieren einige Winzer dies immer wieder unter vorgehaltener Hand und der doch recht eingängige Geschmack zahlreicher Weine scheint dieses zu belegen, dann werden die Weine leider zu oft auf hohe Reife, dienliche Restsüße, Mächtigkeit und frühe Zugänglichkeit getrimmt, was durchaus konträr zu den Tugenden der klassischen Rheingauer Rieslinge steht. Denn diese brauchen einerseits Zeit zur Entfaltung und beeindrucken durch eine Synthese aus Schlankheit, Charakter und Kraft. Doch Schlankheit ist, übrigens nicht nur im Rheingau, oft nicht mehr gefragt. Man möchte sich im zunehmend globalisierten und verschärften internationalen Wettbewerb eher durch fast schon burgundische Attribute behaupten, die im Extremfall auch schon mal Ausmaße eines kalifornischen Chardonnay annehmen können, wohingegen komplexe Mineralität und rassig-nachhaltiges Säurespiel doch gerade die Attribute eines hochklassigen Rheingauers sind!

VDP
Verband deutscher Prädikatsweingüter.

Restzucker
Der Restzucker (RZ) bezeichnete in g/l die Menge an Zucker im Wein. Heutzutage bleibt dieser meist durch ein natürliches Ende der Gärung oder durch ein gezieltes Abstoppen der Gärung (entweder durch Zusatz von Schwefel und/oder Kühlung und/oder durch Filtration) im Wein erhalten. Der Restzucker besteht im Wesentlichen aus Fructose (Fruchtzucker), weil die Glucose (Traubenzucker) von der Hefe zuerst in Alkohol und Kohlendioxid umgewandelt wird, sowie auch aus einem Minimum an nicht vergärbaren Zuckerarten.

Restsüße
Nach abgeschlossener Gärung in dem Wein enthaltene Traubensüße.

Chardonnay
weiße französische Rebsorte, die seit über einem Jahrhundert in der Steiermark als Morillon bekannt ist und seit den späten 1980er-Jahren im übrigen deutschsprachigen Raum in Mode gekommen ist.

Zum Glück gibt es aber provozierend gute und hochindividuelle Rheingauer Weine – wie die vom Weingut Spreitzer in Oestrich. Diese verspielten, aber gradlinigen Rieslinge haben viel Ausdruck und lassen sich bestens trinken! Die Säure ist hier Lebensnerv und Längengeber, gepuffert durch Extrakt und Mineralität. Im Gegensatz zu so manchem Ersten Gewächs ist der Alkohol in dieser Kategorie meist moderat.

Weinbau wird in der Familie Spreitzer schon seit 1641 betrieben, und heute hat nach Vater Bernhard die nächste Generation mit dem ambitionierten Brüderpaar Bernd und Andreas das Ruder in der Hand. Die Spreitzers arbeiten akribisch und naturnah. Sie verkörpern eine gelungene Gratwanderung zwischen Tradition und Moderne: Hier begeistert vor allem die manchmal als »neo-modern« abgestrafte Spontangärungs-Philosophie, die im Doosberg selbst im trockenen Basissegment für animierende Rieslinge von weinigem Charakter mit sehr viel Substanz sorgt. Die Weine haben einen gewissen Hefe-Kick, der aber den zartnussigen, feinwürzigen, pikant-mineralischen Lagenausdruck nicht übertüncht, sondern ihn trägt, ja unterstützt. Sein Pendant aus dem Originalteil des Oestricher Lenchen wächst auf Lehm-Tonböden und ist mit seiner verspielten Aprikosenfrucht ein exemplarisches Beispiel bester Rheimgauer Kabinett-Kultur. Der Riesling Charta ist schon ein Klassiker, mit zarter Pfirsichfrucht, wobei der Alkoholgehalt bei lediglich 11,5 Volumenprozent liegt. Dicht, markant und grandios im Ausdruck ist das Erste Gewächs aus dem Hattenheimer Wisselbrunnen: Es braucht Zeit, um seine steinigen Reichtümer preiszugeben. Dieses ist nun in der Tat eines der strahlenden Beispiele für ein mustergültiges Erstes Gewächs. Die leichten tertiären Mergelböden besitzen eine gute Wasserhaltefähigkeit, der Wein strahlt mit Früchten wie Aprikose und Quitte, die aber kein gestresstes Lächeln einstudiert haben, auch nicht in Alkohol eingelegt sind, sondern ihre köstliche, frische, nachhaltige Seite zeigen. Ein gradlinig aufregender Leuchtturm! Dass so viel Stärke sich so feinnervig zeigen kann, grenzt fast an ein Wunder – ist aber für die besten Rheingauer Weine geradezu typisch.

Bei solch einem großen Bruder hat es das andere Erste Gewächs Oestricher Lenchen nicht ganz einfach. Der Weinberg liegt in mittlerer Nähe zum Rhein in der historischen

Weingut Spreitzer
Rheingaustraße 86
D-65375 Oestrich-Winkel
Tel. +49 (0)67 23/26 25
Fax +49 (0)67 23/46 44
E-Mail: info@weingut-spreitzer.de
www.weingut-spreitzer.de
Öffnungszeiten: Mo.–Fr. 9–12 und 13.30–18.30 Uhr, Sa. 9–16 Uhr

Extrakt
Summe der nichtflüchtigen Substanzen im Wein, etwa Säuren, Zucker, Mineral- und Farbstoffe. Extraktreiche Weine sind in der Regel geschmacksintensiv und werden als dicht beschrieben.

Lage Oestricher Rosengarten. Teils umgebende Mauern und Häuser beeinflussen das Kleinklima positiv – sie speichern tagsüber die Wärme und geben sie nachts wieder gleichmäßig ab. Der um das Spreitzer'sche Anwesen gelegene Weinberg mit seinem tertiären Mergelboden, gemischt mit Löss und Lehm, trug bis 1971 die Bezeichnung Oestricher Rosengarten, ging dann durch das deutsche Weingesetz in Oestricher Lenchen auf. Das Erste Gewächs jedenfalls macht seinem Namen alle Ehre: Ohne jegliche modische Spielerei überzeugt dieses durch viele Körbe reifer Frucht Schluck für Schluck, bis die Flasche leer ist.

Oft unterschätzt, aber große Klasse: Oestricher und Hattenheimer Lagen.

Und die blütenduftige, weißfruchtige Riesling Spätlese 303 zeigt mit ihrer zartschmelzenden Kraft das enorme Potenzial des Rheingaus für diese – leider allzu oft verramschte – Prädikatsstufe. Es gibt hier keinen Wein, den man nicht mit Freude trinkt.

So köstlich der Wein auch ist, die Geschichte des 303 hat es ebenfalls in sich, wie Andreas Spreitzer berichtet: »Unser Großvater Josef Spreitzer war Gutsverwalter im Weingut Hess, das er 1929 gekauft hatte. Während seiner Verwalterzeit erntete er 600 Liter (!) Most mit 303 Grad Öchsle Mostgewicht. Der Wein trug die Bezeichnung 1920er Oestricher Bremerberg-Eiserberg Trockenbeerenauslese. 1929 wurde dieses Fass während der Rheingauer Weinversteigerung auf Kloster Eberbach zum Höchstpreis von 75 000 Reichsmark versteigert. Die Bezeichnung Bremerberg-Eiserberg fiel durch das Weingesetz im Jahr 1971 weg und heißt heute Oestricher Lenchen. Zu Ehren unseres Großvaters vinifizieren wir seit dem Jahr 2000 die Oestricher Lenchen Riesling Spätlese 303 aus dem Weinberg, in dem unser Großvater 1920 die legendäre Trockenbeerenausle erntete.« Solch ein Rheingauer Edelstein verlangt Zeit und Geduld – dann offenbaren sich die ganzen Facetten im spannungsgeladenen Spiel. Vor allem strahlen die ganzen Spreitzer-Weine die klassischen Tugenden großer Rheingauer aus: Schlankheit und Charakter.

Weingut Jakob Jung
Eberbacher Straße 22
D-65346 Eltville-Erbach
Tel. +49 (0)61 23/90 06 20
Fax +49 (0)61 23/90 06 21
E-Mail: info@weingut-jakob-jung.de
www.weingut-jakob-jung.de
Öffnungszeiten:
Mo.–Fr. 14.30–19 Uhr,
Sa. 10–17 Uhr und nach Vereinbarung

Ein weiterer grundsolider arbeitender Familienbetrieb aus der »G7-Gruppe« ist das Weingut Jakob Jung in Erbach. Winzer Ludwig Jung ist Traditionalist im positiven Sinn, setzt seit 30 Jahren auf langes Feinhefelager, wodurch der Wein nach seiner Meinung extraktreicher, harmonischer und charaktervoller wird: »Der Wein braucht die Hefe wie das Kind die Mutter.«

Die Weine stehen für eine glasklare Stilistik mit pikanter Säure und ausreichend Extrakt. Das beginnt mit einer trockenen Kabinettkultur mit saftigen, ansprechenden Rieslingen und setzt sich über den animierenden, schwungvollen Charta-Wein fort – wieder Weine mit meist nur 11,5 Volumenprozent Alkohol.

Die Spitze des Sortiments bilden jedoch die beiden Ersten Gewächse aus dem Erbacher Steinmorgen und Hohenrain. Besonders die letzte Lage wird völlig unterschätzt. Die Rieslinge können wunderbar saftig und voll köstlicher Frucht-Säure-Textur sein und stehen ihren berühmten Nachbarn wie dem Marcobrunn kaum nach, übertreffen diesen mitunter sogar. Ab dem Jahrgang 2004 hat Sohn Alexander, der den Betrieb mittlerweile übernommen hat, den exzellenten, exotisch nach Ananas duftenden Hohenrain in bester Leitz-Manier mit Spontangärung und gekonntem Holzfassausbau vinifiziert – und auch sonst kräftig mitgemischt. Selbst im schwierigen Jahrgang 2006 strahlen die Weine, und das Erste Gewächs aus dem Steinmorgen ist trotz enormer Geschmacksdichte lebendig und belebend. Nach ihm ist auch der beste Spätburgunder benannt: Alexander Johannes. Er wird in besonderen Jahren wie 2003 durch eine R-Variante noch getoppt, ist in seinem Stil kompakt, geschmeidig und zeigt gut eingebundenes Holz. Dieser an der Spitze des Rheingaus stehende Rote erinnert dank Kirschsteinaroma an kleine rote Früchte. In der Jugend tendiert er, insbesondere durch frische Säurestruktur, ein wenig in die Toskana-Richtung, entwickelt in der Reife zunehmend burgundische Finesse und ist ausgereift saftig und elegant. Aber auch hier gilt: Extrakt und Säurestruktur müssen stimmen, wie beim Riesling.

Auf gleicher Linie mit Jung liegen die Weingüter J. B. Becker in Walluf und Georg Breuer in Rüdesheim. Diese Familiengüter sind die beiden Protagonisten eines durch und durch traditionellen Rheingauer Weinstils – und vertreten diesen auch konsequent: naturverbunden, traditionsbewusst, eigenwillig und höchst individuell.

Reserve
Nahezu im gesamten deutschsprachigen Raum unerlaubte, oft durch den Buchstaben »R« ersetzte Bezeichnung für besonders hochwertigen Wein. Allein bei elsässischen Weinen darf »Reserve« auf dem Etikett stehen, ohne dass dem Begriff eine festgelegte Definition zugrunde läge.

Weingut J. B. Becker
Rheinstraße 6
D-65396 Walluf
Tel. +49 (0)61 23/7 25 23
Fax +49 (0)61 23/7 53 35
E-Mail: h.j.becker@justmail.de
Öffnungszeiten: Mo.–Fr. 9–12 und 14–17 Uhr, Sa. und So. nach Vereinbarung

Aromatik, das ist eines der Schlüsselwörter bei Hans-Josef »Hajo« Becker, der mit seiner Schwester Maria Eigentümer des WEINGUTS J. B. BECKER ist, dessen Reben ein Durchschnittsalter von 25 Jahren haben. Im Keller setzt er konsequent – ob Riesling oder Spätburgunder – auf den Holzfassausbau: »Der Rheingau Riesling ist nicht geeignet für den Edelstahl. Er hat Charakter und braucht Zeit zu wachsen. Dann erst werden die Aromen in ihrer ganzen Fülle freigesetzt, können sich entfalten und bleiben für Jahre auf der Flasche stabil. Erst beim Holzfassausbau verlieren sich die vorlauten Primärfruchtaromen.«

Bereits die einfachen, trockenen Weine sind wahre Einstiegsdrogen und haben richtig Schmackes. Eine Klasse für sich ist die Spitzenlage Wallufer Walkenberg, wo auf tiefgründigen Löss-Lehm-Böden einige der ältesten Reben des Gutes stehen – sie wurden in den 1950er-Jahren gepflanzt – und die Weine aus ihren Trauben werden separat ausgebaut und unter dem Namen Alte Reben vermarktet. Die trockenen Spät- und Auslesen sind eine ganz eigene Kategorie von fast zeitloser Schönheit. Sie enthüllen sich nur Schluck für Schluck und dann meist auch nur andeutungsweise. Die Becker- und auch Rheingau-typischen mineralischen Feuersteinnoten zeigen sich anfangs durch einen feinrauchigen Duft, das betörende Aroma von Pfirsich und Mango verbindet sich mit wunderbarer Geschmeidigkeit. Doch ganz tief drunten ruht eine kühle, tiefe Mineralität mit einer feinen Würze und einem fast schon dramatischen Volumen.

Beerenauslese
In der Regel edelsüßer Prädikatswein, der aus streng ausgelesenen überreifen und/oder edelfaulen Beeren (Botrytis cinerea) erzeugt wird, die ein Mostgewicht von mindestens 110° Öchsle bzw. 25° KMW aufweisen müssen. Inzwischen haben einige Winzer auch schon trockene Beerenauslesen ausgebaut.

Die edelsüßen Auslesen, Beeren- und Trockenbeerenauslesen sind jedoch nicht weniger beeindruckend! Sie zeigen in großen Jahren ungemein rassiges Spiel mit Aromen von Bratapfel und Butterscotch; ideale Meditationsweine, traditionell etwas weiter vergoren als heute üblich (dadurch auch etwas weniger süß) und der Abschluss einer jeden Festtafel. Überhaupt ist der Rheingauer für Becker »ein gigantischer Esswein, der zur richtigen Speise den richtigen Kick kriegt und insbesondere zu mediterran inspirierten Gerichten mit Gewürzen wie Koriander, Kümmel und schwarzem Pfeffer passt«.

Die traditionell ausgebauten Rotweine des Guts sind ebenfalls eine Kategorie für sich und benötigen Entwicklungszeit auf der Flasche. Es sind mal erfrischend zarte, in großen Jahrgängen wie 2003 auch fleischig-monumentale, stets aber haltbare Weine, in deren Struktur ganz erstaunliches Potenzial steckt! Diese Weine kommen erst nach Jahren so richtig aus sich heraus, zeigen dann wunderbare Beerenaromen, eine florale Frische und im Nachhall den typischen, stilvollen Bittermandelton. Und in den letzten Jahrgängen hat Becker einige Rieslingklassiker *in spe* hervor-

Vorgelebte Kultur des Rheingaus: Hans-Josef Becker ist naturverbunden, traditionsbewusst und so individuell wie seine Weine.

gezaubert. Darunter ein durchgegorener High-Speed-Energie-Flitzer: der trockene Kabinett aus dem Wallufer Walkenberg hat richtig Fleisch auf den Knochen, ist ohne geschmackliche Verrenkung und mit einem dicken Ausrufezeichen genau auf dem Punkt. Das ist waghalsige, letztlich aber prototypische Riesling-Säurefrische und kernige Charakterstärke, der nur nicht jeder gewachsen ist. Dieses Weingut braucht keine Trendtrinker, seine Weine bestechen durch ihre tiefgründige, zeitlos-herbe Schönheit.

Originelle Lässigkeit lebt auch das Weingut Georg Breuer in Rüdesheim vor, das seit 2004 von Bernhard Breuers Tochter Theresa und seinem Bruder Heinrich gemeinsam mit dem langjährigen Kellermeister Hermann

Weingut Georg Breuer
Grabenstraße 8
D-65385 Rüdesheim
Tel. +49 (0)67 22/10 27
Fax +49 (0)67 22/45 31
E-Mail: info@georg-breuer.com
www.georg-breuer.com
Öffnungszeiten Vinothek:
täglich von 10–18 Uhr

Schmoranz auf konstant hohem Niveau weitergeführt wird. Bernhard Breuer war der eigentliche Qualitätspionier für trockenen Riesling und Vorreiter bei der Lagenklassifikation, der auf das Säurespiel und die enorme Ausdruckskraft des Rheingauers nicht nur setzte, sondern dies auch exemplarisch in seinen besten Weinen zeigte. Nach wie vor stehen die trockenen Weine im Fokus, wie der einfache Rüdesheim Estate. Er ist rauchig, mineralisch, auch hart und filigran-stahlig. Seine Frucht schmeckt verhalten nach Apfel und Aprikose. Wie sein Pendant, der würzigere Rauenthal Estate, verlangen selbst diese vermeintlich einfachen Weine

Der richtige Riecher für Wein: Theresa Breuer, Tochter von Bernhard Breuer, dem Pionier für trockene Rheingauer Rieslinge.

nach etwas Flaschenreife, entfalten ihre Schönheit nach ein, zwei Jahren und entwickeln dann ihre ganze herbe Eleganz. Dichte, Spannkraft und Nachhaltigkeit erhöhen sich nun von Stufe zu Stufe, die Lagen-Cuvée Montosa ist ebenso ein Volltreffer und gut zehn Jahre lagerfähig wie der trockene Riesling aus dem Roseneck – wenngleich Letzterer mit seinen, für den Rheingau exotischen Aromen von Rosenwasser, Hagebutte und Cassis mitsamt den erdig-rauchigen Komponenten fast wie ein Pendant zu den ganz großen Lagenweinen schmeckt. Dagegen gerät der trockene Rottland deutlich stoffiger und noch einen Hauch nachhaltiger.

Cuvée
In erster Linie ein Wein, der aus dem Verschnitt verschiedener Rebsorten oder aus verschiedenen Lagen zumeist eines Gebiets zusammengestellt wird.

Ein großer, trockener Breuer-Schlossberg hat etwas von dem Duft beim Imkern, wenn Orangenschale in die Imkerpfeife gestopft wird, um die Bienen am offenen Stock zu beruhigen. Und dann packt der Wein doch zu: mit Brillanz, Reife und feinstem Geschmacksgewebe, in das Noten von Dörrobst eingeflochten sind. Fette, tiefblaue Pflaumen quellen aus dem Glas, daneben Aromen von Cox Orange und Zitrusfrüchten, manchmal auch kandiert. Im Abgang zeigt sich Bananenschale, in die sich auch kühle mineralische Noten von Petrol und Feuerstein mischen. Der Nonnenberg hingegen zeigt seine typische vollmundige Würze und ist die Essenz von »wahnsinnig alten Reben, die teilweise 50 Jahre, im Schnitt 30 Jahre alt sind«, schwärmt Schmoranz. Diesen Wein zeichnet eine feine tropische Frucht aus, gepaart mit einer Weißblütenduftigkeit, die ihresgleichen sucht – er ist sinnlicher, opulenter als der Schlossberg, ungemein langlebig und in den besten Jahren unwiderstehlich groß.

In diese Phalanx der großen Rheingauer Berglagen gehört zweifellos auch der Kiedricher Gräfenberg mit seinem verwitterten Phyllitschieferboden. Wegen ihrer Säurestruktur und filigranen Frucht ist diese Lage so etwas wie der Mosel-Weinberg des Rheingaus. Die Geschichte des Gräfenbergs ist untrennbar mit dem kometenhaften Aufstieg des Weinguts Robert Weil in Kiedrich verbunden. Der 1988 zum Gutsdirektor ernannte Wilhelm Weil und sein Stellvertreter Jochen Becker-Köhn führen ein Weingut mit Château-Charakter und haben es geschafft, Weil-Riesling mit dem himmelblauen, von goldenem Laub umkränzten Etikett als Marke zu etablieren, die »an allen Schlüsselpunkten

Weingut Robert Weil
Mühlberg 5
D-65399 Kiedrich
Tel. +49 (0)61 23/23 08
Fax +49 (0)61 23/15 46
E-Mail:
info@weingut-robert-weil.com
www.weingut-robert-weil.com
Öffnungszeiten:
Mo.–bis Fr. 8–17.30 Uhr,
Sa. 10–16 Uhr, So. 11–17 Uhr

dieser Welt gelistet ist«, wie Wilhelm Weil nicht ohne Stolz sagt. Dabei steht der hiesige VDP-Vorsitzende für die Idee eines Rheingauer Leichtweins im trockenen Basissegment: »Wir möchten eine deutliche Spannbreite in unserem Sortiment und sowohl Gehalt- und Fruchtausprägung ausdifferenzieren. Dabei möchten wir bei unserem Gutswein mit unter zwölf Volumenprozent Alkohol die Höchstpunktzahl für Trinkfreude!« Andererseits möchte Wilhelm Weil einen möglichst perfekt vinifizierten Wein, und einige trockene Weine schmecken mitunter tatsächlich so, als seien sie perfekt gemacht. Doch ist Perfektion nicht auch eine Spur zu langweilig, und macht nicht erst der Pickel im Gesicht die Schönheit wirklich interessant? Während Johannes Leitz mit dem Ausbau im Holzfass groß geworden ist und sich erst in den letzten Jahren – vor allem für die fruchtigen Weine – auch einige Stahltanks zugelegt hat, ist die Entwicklung bei Weil völlig konträr. Seit dem Jahrgang 2002 wurden wieder Stückfässer angeschafft, wohl gerade weil historisch große Weine wie der legendäre 1937er Kiedricher Gräfenberg einst komplett in Holz ausgebaut wurden.

Das Weingut Robert Weil, das 1988 vom japanischen Konzern Suntory übernommen wurde (an dem Wilhelm Weil aber eine kleine Minderheitsbeteiligung hält), erinnert mit seinen gut 40 festen Angestellten mehr an ein mittelständisches Unternehmen und setzt allein im trockenen Basissegment jährlich im Schnitt rund 320 000 Rieslinge ab – zu einem Flaschenpreis von zehn Euro aufwärts! Zudem werden alljährlich in beeindruckender Manier sämtliche sieben Prädikatsstufen des Rieslings gekeltert, und die fruchtigen und vor allem edelsüßen Weine sind atemberaubend und absolut brillant. Das explosive Süße-Säure-Spiel der Auslesen Goldkapsel hat eine filigrane Intensität, die ihresgleichen sucht. Und die besten Trockenbeerenauslesen – wie etwa die 2003er Goldkapsel »316« – sind fast schon überirdisch anmutende Essenzen und Beispiele für höchste Rheingauer Winzerkunst. Für seine 1999er Trockenbeerenauslese Goldkapsel erzielte das Weingut im Jahr 2000 mit damals 5000 Mark je Flasche einen neuen Weltrekord für einen jungen Wein. Kein Zweifel – der Erfolg der aromatisch-fruchtigen Rieslinge des Gutes mit ihrer heiteren, fast schon moselanisch anmutenden Säure, moderatem Alkoholgehalt und teilweise einem schmeckbaren Anteil unvergorener, natürlicher Traubensüße hat im Rheingau stilistisch Maßstäbe gesetzt und schnell viele Nachahmer gefunden. Allerdings ermöglichten die gesteinsreichen Böden in den höheren Lagen, trotz immer höherer Temperatur, das ideale Bild des Rieslings mit Finesse, Spannkraft, Mineralität und feiner Säure. Die kaum chaptalisierten Weine zeigen Naturwein-Charakter, vor allem die trockenen Basis-Qualitäten sind in den letzten Jahren enorm verbessert worden.

Detail aus einer Kapelle im Oestricher Lenchen: Gerade der Klerus hat den Weinbau im Rheingau entscheidend vorangebracht.

Wie erstaunlich manche Weine reifen können, belegt eine Vertikal-Probe des einfachen Gutsrieslings – ein einfacher Qualitätswein des Jahrgangs 1998 war noch acht Jahre später in ganz erstaunlicher Form, wohingegen der 1999er eine untypische Alterungsnote und der 2000er schon einen leichten Essigstich zeigten. Aufwärts ging es dann wieder ab 2001, und auch wenn einige neuere Jahrgänge vordergründig fruchtiger, standardisierter und geschliffener wirkten, scheinen diese Weine insbesondere ab 2004 fester, klarer definiert auf einem höheren Niveau zu sein! Allerdings sind sie auch relativ teuer, und in Rheinhessen etwa bekommt man für den Preis eines einfachen Qualitätsweins trocken bereits einen Spitzenriesling von einem der aufstrebenden Betriebe wie Winter in Dittelsheim oder Dreissigacker in Bechtheim auf der falschen, »ebschen« Rheinseite.

Unter dem Aspekt der *geborenen Qualität*, die sich auf die Herkunft gründet, wurde jedoch das Weil-Sortiment im unteren und mittleren Bereich der trockenen Rieslinge gestrafft. Es gibt eine Staffelung von einem Gutsriesling, zwei Lagenweine in der Mitte und einem Ersten Gewächs (Gräfenberg) an der Spitze.

Insbesondere der trockene Gutsriesling ist ein schöner Leichtwein zwischen 11,5 und 11,8 Volumenprozent Alkohol und 88 bis 90 Grad Öchsle, der bei geschmeidig süffiger Art eine reife Säurefrische zeigt. Erstmals im Jahrgang 2007 gekeltert wurde der Kiedricher Klosterberg, dessen Kühle bestens die reife Frucht ausbalanciert. Auf devonischem Gestein (bunte Schiefer) und vordevonischen Gesteinen (Phyllite und Gneis) sowie hiesigen Lössen wächst ein gradliniger, hell schmeckender, mit weißen Früchten und Mineralien austarierter Wein. Noch eine Stufe höher geht es beim trockenen Turmberg. Die Frucht wird exotischer, das Strahlen intensiver, das Spiel facettenreicher und der Schmelz zarter.

Gneis
Metamorphischer Stein mit der gleichen chemischen Zusammensetzung wie Granit, aber einer schichtartigen Struktur.

Spontangärung
Ohne Zugabe von Reinzuchthefen einsetzende Gärung, für die Wildhefen bzw. die Hefekultur im Keller zuständig sind.

Das sind schlanke Schönheiten aus dem Norden, die kompromisslos auf Finesse ausgerichtet sind und im trockenen Segment von Wein für eine ganz neue Statur sorgen.

Deutlich muskulöser zur Sache geht es in der trockenen Spitzenkategorie, wo Wilhelm Weil ab dem Jahrgang 2002 auf Maischestandzeit, Spontangärung und Holzfässer setzt. Das sind Power-Rieslinge aus dem Gräfenberg, in denen durch die Kumulation von hohem Alkoholgehalt, Glycerin und mitunter auch relativ hoher Restsüße sich eine neue Kategorie von Rheingauer Rieslingen zeigt – wenngleich diese Weine nach Ansicht von Weil »so wie früher in traditioneller Manier gemacht sind« und auf den großartig gereiften 1937er Gräfenberg verweist.

Wilhelm Weil musste mitunter als neue und zugleich einzige Leitfigur des Rheingaus ab Ende der 1990er-Jahre herhalten – und sein Auftritt erinnert ein wenig an den eines Schauspielers, der in Erwartung eines ganzen Ensembles die Bühne betritt und zu seiner Überraschung feststellen muss, dass er als Einziger vor dem gespannten Publikum steht – denn kaum ein Betrieb engagiert sich weltweit so sehr für den Rheingau wie Robert Weil. Dies gilt umso mehr für die Zeit nach dem überraschenden Tod des engagierten Bernhard Breuer. Dabei steht das Weingut Robert Weil in einem tieferen Sinn für den Aufschwung der Rheingauer Höhenlagen, die für Weil wegen »der zunehmenden Klimaerwärmung stark im Kommen sind«. Das Weingut besitzt nicht nur im völlig unterschätzten Weinort Hallgarten Wingerte, sondern hat auch die einstige Spitzenlage Kiedricher Turmberg, die vis-à-vis dem im neugotischen Stil errichteten Gutsgebäude liegt, mit ihrem im Verhältnis zum Gräfenberg höheren Schieferanteil reanimiert. Früher wurde sie von Robert Weil, dem Vater von Wilhelm Weil, bewirtschaftet. Ältere, vorzüglich gereifte und keinesfalls firne Weine wie ein 1957er zeigen das Potenzial dieser Lage.

Die neuen, aufregenden Turmberg-Rieslinge sind jedenfalls extrem mineralisch, man glaubt förmlich am Stein zu schlecken, selbst bei den hochgradigen, vor gelben Früchten nur so strotzenden Auslesen. Mit der festen, brillanten Säure, komplexem Aroma und der ausgeprägten kühlen Mineralität sind die trockenen und edelsüßen Weine ein eigenständiges Pendant zum verspielteren, deutlich fruchtbetonteren Gräfenberg – und verkörpern die Möglichkeiten der Rheingauer Höhenlagen. An ihnen zeigt sich der historische Umbruch im Rheingau geradezu exemplarisch!

Viele der besten Erzeuger weichen inzwischen auf die Höhe aus, wo früher die Rieslingtrauben angesichts geringerer Durchschnittstemperaturen nur ein oder zwei Mal im Jahrzehnt wirklich ausreifen konnten. Auch im Rheingau galt die Auffassung, dass Riesling ab einer gewissen Höhe nichts mehr zu suchen hatte. Die *Rieslinggrenze* lag üblicherweise bei 240 Metern. Dies hat sich im Zuge der fortschreitenden Erwärmung des Klimas deutlich geändert und wird sich über die nächsten Jahre, ja Jahrzehnte noch weiter ändern! Im Masterplan der Entwicklung einer zukunftsträchtigen Dachmarke »Rheingau«, die auch im touristischen Sinne deutlich aufgemöbelt werden muss, werden die Höhenlagen eine immer gewichtigere Rolle spielen, und tatsächlich hatten sich die Rheingauer schon früh durch den Anbau von berühmten Rieslingen vor allem aus den historischen Berglagen – etwa Steinberg, Johannisberg, Gräfenberg, Rauenthaler Berg und Rüdesheimer Berg – besondere Meriten erworben. Im Verhältnis zu vielen anderen Weinbauregionen hat der Rheingau nämlich das Privileg, in die Höhe bis auf 400 Meter ausweichen zu können und so seine klassischen Tugenden – ausgeprägte Jahrgangsunterschiede, fruchtbetontes Säurespiel, herbe Eleganz, mineralischer Ausdruck und Nachhaltigkeit ohne alkoholische Schwere – auch weiter voll ausspielen zu können. Dabei werden nicht nur Weinberge gekauft, sondern auch geeignetes Gelände neu bestockt oder – wie im Falle des Kiedricher Turmberges und des Kiedricher Klosterberges durch das Weingut Robert Weil – alte Weinbergslagen reanimiert. So geraten die historisch renommierten Lagen zunehmend unter Druck, zumal die Höhenlagen besser durchlüftet sind und sich so für den Anbau trockenerer Weine, wie sie von einer modernen Konsumentenschicht zunehmend nachgefragt werden, besser eignen, als es oft in den schon früh vom Dunst des Flusses und der Edelfäule betroffenen Rheinlagen der Fall ist. Zweifellos werden die Höhenlagen das Bild des Rheingaus zukünftig immer stärker bestimmen.

Klassische Rheingauer Rieslinge profitieren ungemein von einer langjährigen Flaschenreife.

Auch die bislang wenig beachteten Höhenlagen von Hallgarten mit ihren hochkarätigen Lehm-Quarzit-Böden bieten ein enormes Potenzial für mineralisch-würzige und kühle Rieslinge von großem Alterungspotenzial. In

Rheingau
WEINANBAU
WALD
STÄDTE & DÖRFER
Weinlagen
Presberg
Stephanshausen
Würzgarte
Schloss Vollrads
Goldatzel
Johannisberg
Schloss Vollrads
Marienthal
Hölle
Schloss
Johannisberg
Winkel
Mittelhölle
Hasen-
sprung
Aulhausen
Windeck
Schloss
Johannisberg
Kirchenpfad
Magdalenenkreuz
Kläuserweg
Klaus
Bretanohaus
Klosterlay
Mäuerchen
Jesuitengarten
NIEDERWALD-
DENKMAL
Rothenberg
Drachen-
stein
Eibingen
Berg Schlossberg
Geisenheim
42
Berg Kaiser-
steinfels
Bischofsberg
Rüdesheim
Berg Rottland
Berg
Roseneck
Ruine
Ehrenfels
Rhein
Bingen
Gaulsheim
Kempten
Bingerbrück
Gau-Algesheim
9

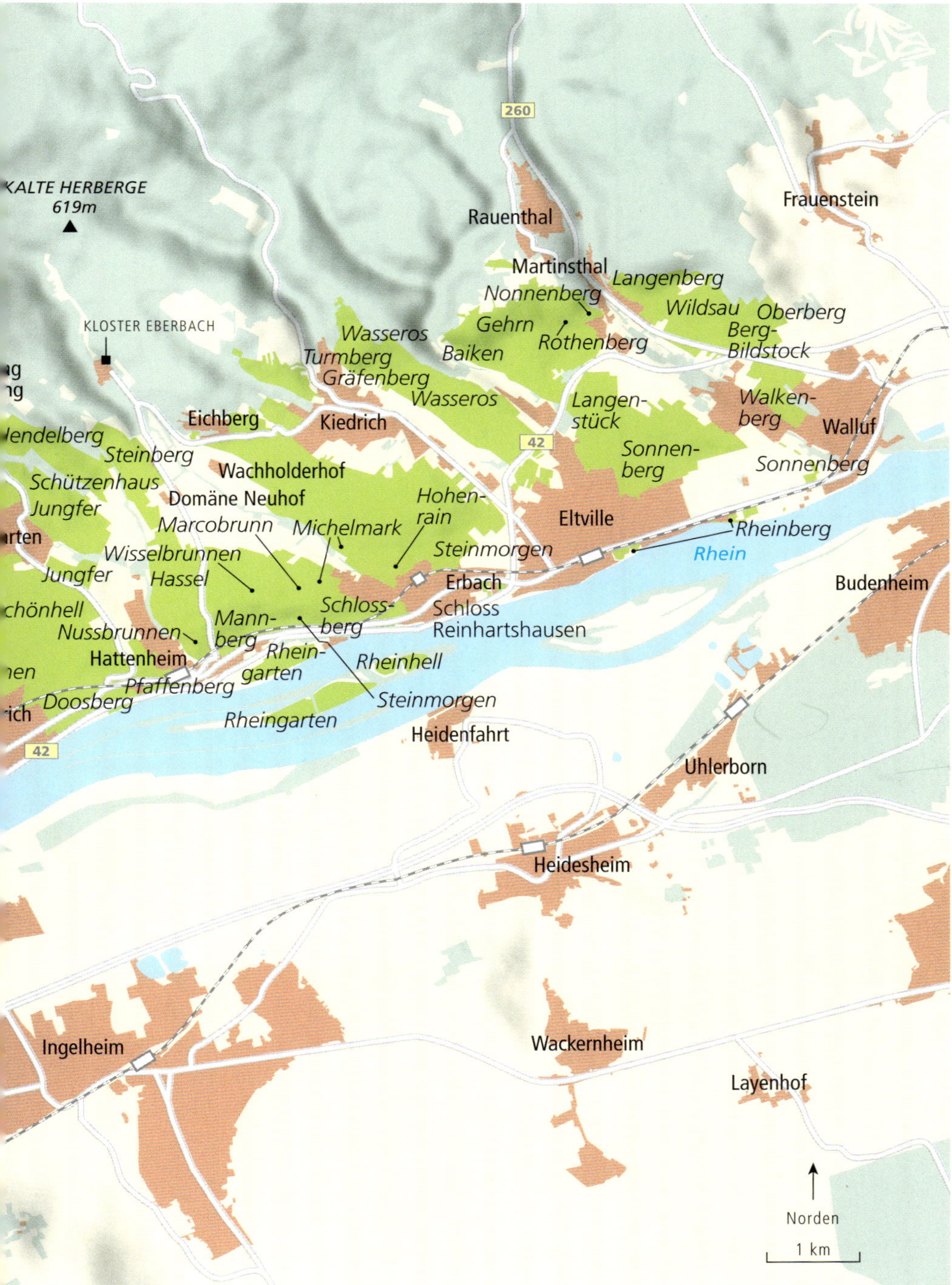
KALTE HERBERGE
619m
KLOSTER EBERBACH
Rauenthal
Frauenstein
260
Martinsthal
Langenberg
Nonnenberg
Wildsau
Oberberg
Gehrn
Berg-
Bildstock
Wasseros
Rothenberg
Baiken
Turmberg
Gräfenberg
Wasseros
Langen-
stück
Walken-
berg
Walluf
Eichberg
Kiedrich
42
Sonnen-
berg
Sonnenberg
Wachholderhof
Steinberg
Schützenhaus
Jungfer
Domäne Neuhof
Hohen-
rain
Eltville
Marcobrunn
Michelmark
Rheinberg
Wisselbrunnen
Steinmorgen
Rhein
Jungfer
Hassel
Erbach
Budenheim
Schloss-
berg
Schloss
Reinhartshausen
Mann-
berg
Nussbrunnen
Hattenheim
Rhein-
garten
Rheinhell
Pfaffenberg
Doosberg
Steinmorgen
Rheingarten
Heidenfahrt
42
Uhlerborn
Heidesheim
Ingelheim
Wackernheim
Layenhof
Norden
1 km

Weingut Fred Prinz
Im Flachsgarten 5
D-65375 Hallgarten
Tel. +49 (0)67 23/99 98 47
Fax +49 (0)67 23/99 98 48
E-Mail: prinzfred@gmx.de
Öffnungszeiten:
nach Vereinbarung

der »G7-Gruppe« steht das Weingut Fred Prinz aus Hallgarten für nun näher am Terroir orientierte Rieslinge. Klassisch-trocken schmeckt bereits der Riesling Tradition, edel und feinrassig gerät das Erste Gewächs aus der Jungfer, während die trockenen Schönhell-Weine etwas fleischiger schmecken, eigenwilliger in der Würze, aber ungemein frisch und saftig! Und nicht weniger erfrischend und originell sind die eleganten Spät- und Auslesen.

Weingut Fürst Löwenstein
Markt 14
D-65375 Oestrich-Winkel
Tel. +49 (0)67 23/99 97 70
Fax +49 (0)67 23/99 97 71
E-Mail: weingut@loewenstein.de
www.loewenstein.de
Öffnungszeiten:
Di.–Fr. 13–17 Uhr, Sa. 10–14 Uhr
und nach Vereinbarung

Das führende Weingut in Hallgarten ist jedoch das Weingut Fürst Löwenstein mit der alten Kernlage der Hallgartener Jungfer. Die feinwürzigen, dezent rauchigen Löwenstein-Rieslinge zeigen eine an den Rüdesheimer Berg erinnernde seidige Eleganz und werden völlig unterschätzt. Vielleicht gerade weil sie schlank und fest sind, mit einer ausgeprägten Feuersteinnote und einem delikaten Würzton, der sich im reiferen Stadium sehr harmonisch mit den anderen Komponenten verbindet. Ausgebaut werden die Weine im Mutterbetrieb im fränkischen Kreuzwertheim, bis einschließlich Jahrgang 2006 unter der Ägide des langjährigen Betriebsleiters und Kellermeisters Robert Haller. Er ist eigentlich gelernter Informationselektroniker und machte den Rheingauer Trend zur relativ hohen Restsüße nicht mit. Stattdessen zeigen seine trockenen Rieslinge, die oft mit nur vier, fünf Gramm Restzucker ausgestattet sind, eine sehr gradlinige, brillante Art, leben von ihrer erfrischenden Säure und kompakten Struktur und nicht wie so oft von überbordenden Primärfruchtaromen. Fortgeführt wird diese Linie seit August 2007 von Friederike Vogtländer, einer jungen Kellermeisterin von der Nahe, unterstützt von der Betriebsleiterin Heide Hennchen.

Feine Nervigkeit und »Widerhaken auf der Zunge«, so Robert Haller, zeigt bereits der Gutsriesling, dessen Spiel sich über fünf, sechs Jahre noch verfeinern kann. Er hat alle Eigenschaften eines guten Rheingauers *en miniature*, ein stahliges, pikantes Säurespiel, zart unterlegt von mineralisch-rauchigen Komponenten; Kräuteraromen verbinden sich mit Aprikose und Pfirsich – und das mit leichten elf Volumenprozent! Die besten trockenen Weine des Weinguts kommen aus den Kernteilen der Hallgartener Jungfer, der »alten Jungfer«, dank sandigem Braunerdeanteil und der Frische der Höhenlage. Das Beste aus einer Senke in dem Filetstück ist die Spätlese trocken aus etwa 30-jährigen Reben: ein nach Litschi, kleinen grünen Bananen und Zitrusfrüchten exotisch duftender Geschmacksriese voller Energie. Fürwahr besser als viele Erste Gewächse und gleichzeitig noch dichter und schlanker als das Pendant aus der Hallgartener Schönhell, das ironischerweise den Erste-Gewächs-Status besitzt! Alternativ zum eleganten Ersten Gewächs bietet das Gut den feinherben Riesling Sophie Löwenstein aus der Terroir-Linie: dicht, verführerisch duftig und direkt. Eine echte Sensation indes ist der trockene Spitzen-Riesling R aus dem Hendelberg, der wegen seiner Höhe historisch als völlig unbedeutend galt und mit viel Brachland auf Reanimierung geradezu wartet. Doch die Taunus-Quarzitböden haben es in sich! Im Glas ist ein richtiger Kräutercocktail, dazu rauchige Quarzit-Mineralität, und im Nachhall umschmeicheln exotische Früchte den Gaumen.

Nur das Beste vom Riesling: Weinlese im Rüdesheimer Rottland.

Ansprechend, teilweise auch brillant, zeigen sich die Rotweine, denen die Höhenlagen in Hallgarten ideale Voraussetzungen für den Gleichklang von Reife und Säure bieten. Bereits der Spätburgunder aus der Lage Schönhell ist ein warmer, großzügiger Roter mit überraschend pfeffriger Würze und zartschmelzender Cremigkeit. Die Brombeeren- und Kirschfrucht ist saftig und ausgewogen. Noch mehr Fleisch auf den Knochen hat der Pinot noir aus dem französischen Spitzenklon 777: viel Rauch, Brombeere, Lakritze und feines Mokka-Tannin. Getoppt werden diese Spätburgunder jedoch durch die trockene Frühburgunder Spätlese R. Dieser Rote paart nördliche Ästhetik mit dem Feuer einer echten maurischen Schönheit, zeigt nur einen Hauch von Datteln, Rosinen und Feigen. Die Aromen von Bitterschokolade und Unterholz werden von einer wunderbar zarten, intensiven Beerigkeit begleitet. Hier hat Größe weniger mit Volumen, sondern mit Feinheit zu tun!

Zu den aufregenden Höhenlagen gehört zweifellos auch der Geisenheimer Rothenberg, dessen eisenhaltiger Rotschieferboden den Rieslingen eine extravagante Fruchtigkeit von Mango, Passionsfrucht und Mandelaromen verleiht. Sie sind unwiderstehlich in ihrer Jugend, können aber auch hervorragend altern. Die besten Tropfen stammen zweifellos vom STAMMHAUS OESTRICH der WEINGÜTER WEGELER, einer Wein-Dynastie, die zu den besten Erzeugern im deutschsprachigen Raum gehört. Man keltert regel-

Weingüter Wegeler
Friedensplatz 9–11
D-65375 Oestrich-Winkel
Tel. +49 (0)67 23/9 90 90
Fax +49 (0)67 23/99 09 66
E-Mail: info@wegeler.com
www.wegeler.com
Öffnungszeiten:
Mo.–Fr. 8–17 Uhr
Kelterstübchen: Sa. 11–16 Uhr und nach Vereinbarung
Auch Verkostung der Weine des Gutes Krone (Assmannshausen) möglich

mäßig einige der feinsten Rheingauer Eisweine. Die fruchtigen Spätlesen sind überaus saftig, die Auslesen zeigen einen delikaten Honigton, und die Trockenbeerenauslesen – etwa die opulente 2003er – sind bisweilen grandios. Auch die Ersten Gewächse aus dem Jesuitengarten und vor allem aus dem Rüdesheimer Schlossberg zeigen Struktur und zarte Süße mit rassiger Säure.

Das Flaggschiff des Hauses ist jedoch nicht ein Lagen-Riesling, sondern die mit dem Jahrgang 1983 erstmals auf den Markt gebrachte Riesling-Cuvée Geheimrat J, die maßgeblich vom legendären Gutsverwalter Norbert Holderrieth entwickelt wurde. Eine Assemblage aus trockenen Spätlese-Weinen der besten Lagen, meist mit Anteilen vom Rüdesheimer Berg und dem mittleren Rheingau. Der Geheimrat J betört mit Ananasaroma, zeigt leichte Kräutertöne, kristallklare Rieslingfrucht und eine zarte Süße im Hintergrund. Jahrgänge wie 1990 und 1992 waren fulminant, und auch so ein schwieriger Jahrgang wie 2000 zeigt, dass der Geheimrat J nur etwas Reife braucht, um sein raffiniertes fruchtbetontes Säurespiel zu zeigen. Mit höchster Genauigkeit setzt sich diese stimmige Stilistik auch in den neuen Jahrgängen fort, und auch die Basisweine haben zugelegt. Die Investitionen der Familie Wegeler-Drieseberg unter der Leitung des engagierten Tom Drieseberg haben sich bezahlt gemacht.

Assemblage
Das Zusammenfügen von verschiedenen Grundweinen, Weinbergslagen, Traubensorten und/oder Jahrgängen, auch Cuvée genannt.

Ähnliches gilt auch für Schloss Johannisberg in Geisenheim-Johannisberg, das auf eine 900-jährige Geschichte zurückblicken kann. Majestätisch thront es über dem Rheintal auf dem wohl ältesten dokumentierten Rieslingweinberg der Welt, wo bereits 1720 ausschließlich Riesling kultiviert wurde. Wie bei den großen Bordelaiser Gütern steht der Name »Schloss Johannisberg« sowohl für das Weingut als auch für diese Lage, die steilste Südhanglage in dieser Gegend, deren Mutterboden aus Löss und Lehm mit gleich unter der Oberfläche liegenden Quarzitfelsen durchsetzt ist. Der Berg ist in 29 Parzellen unterteilt, wovon der westliche Höllenkopf die beste ist, wo auch regelmäßig Beeren- und Trockenbeerenauslesen erzeugt werden. Der Johannisberger ist ein kraftvoller, mineralischer Wein mit Aromen von reifen, gelben Früchten, besonders Quitte, und traditionell von einer markanten Säure geprägt. Seine Harmonie entfaltet sich erst nach Jahren.

Domäne Schloss Johannisberg
D-65366 Geisenheim-Johannisberg
Tel. +49 (0)67 22/7 00 90
Fax +49 (0)67 22/70 09 33
E-Mail:
info@schloss-johannisberg.de
www.schloss-johannisberg.de
Öffnungszeiten:
Mo.–Fr. 10–13 und 14–18 Uhr,
Sa., So. und an Feiertagen
11–18 Uhr
Gutsschänke:
Tel: +49 (0)67 22/9 60 90
E-Mail: restaurant@schloss-johannisberg.de
Öffnungszeiten:
täglich 11.30–23 Uhr

Hier sind in den letzten Jahrhunderten fantastische Weine erzeugt worden, wovon die Sammlung der *Bibliotheca subterranea* genannten Schatzkammer des Schlosses Zeugnis ablegt. Hier entstand 1775 die erste offizielle Spätlese, und angeblich hatte die Kategorie Auslese hier 1787 ihre Weltpremiere. Tatsächlich können edelsüße Weine aus großen Jahren grandios, ja absolute Weltklasse sein. Neben genialer, getrockneter Aprikosen- und Pfirsichfrucht zeigt diese Kreszenz Nuancen von Cassis und betörende Honigaromen.

Spätlese
Deutsches/österreichisches Prädikat für Wein, der aus vollreifen Trauben gewonnen wird, kann entweder trocken oder mit natürlicher Traubensüße sein.

Nach heterogenen Jahrgängen in den 1980er- und 1990er-Jahren knüpft man nun also in den letzten Jahren an glorreiche Zeiten an, und der Jahrgang 2003 beendete nicht nur die Ägide des langjährigen Domänenrats Wolfgang Schleicher, sondern brachte auch fabelhafte edelsüße Weine wie die Schloss Johannisberger Trockenbeerenauslese Goldlack mit ihrem Prachtfeuerwerk exotischer Früchte hervor. Das hochmotivierte Team rund um den jungen, engagierten Nachfolger Christian Witte steckt voller Ambitionen und hat schlichtweg die trockenen Weine revolutioniert! Die wahrlich einzigartige Bodenformation, Taunusquarzit mit einer bis zu zwei Meter mächtigen Löss-Lehm-Auflage, birgt ein immenses Potenzial auch für feste, klassische, mineralische Rieslinge mit Sehnigkeit und Nerv. Dies hat Christian Witte nicht nur erkannt, sondern auch entsprechende Maßnahmen eingeleitet, um auch trockene Rieslinge von Grandeur zu keltern. Die Weinbergsarbeit wurde weiter ausgereizt, die Selektion intensiviert und noch stärker differenziert. Vor allem aber wurde ab dem Jahrgang 2004 auch der legendäre Holzfasskeller unter dem Gutsgebäude reaktiviert, und im Jahrgang 2007 erstmals die 2003 geschlagenen und für drei Jahre gereiften Fässer aus Schloss Johannisberger-Eiche frisch eingesetzt. Die trockenen Jahrgänge 2006 und 2007 zählen inzwischen zur Gebietsspitze und folgen dem Riesling-Credo von Witte: »Einfach schlank, Frucht, genial!«

Der trockene Qualitätswein konnte in den 1980er- und 1990er-Jahren schon einmal ein magentretender Säuerling sein – die 2007er Version Gelblack bietet selbstbewusst einen heiter stimmenden Obstkorb mit Aprikosen, Quitten und Kernobst, umspielt von etwas Honigsüße. Der Kabinett trocken Rotlack ist wie ein gerader Strich gezogen, saftige Pfirsiche ruhen auf einem salzigen, mineralischen Bett. Die-

Qualitätswein
Gesetzliche Bezeichnung in Österreich und Deutschland für amtlich geprüfte Weine. Ob diese Prüfung tatsächlich Qualität garantiert, ist umstritten.

Rheingau schmecken

MAGIC MOUNTAIN RIESLING TROCKEN
Weingut Josef Leitz/Rüdesheim

Ein faszinierend zupackender Riesling, dessen Trauben in den Spitzenlagen im Rüdesheimer Berg gewachsen sind und die nicht für die besten trockenen Rieslinge verwendet werden. Doch Vorsicht: Johannes Leitz spielt ganz oben mit, und bereits dieser Wein übertrifft viele Erste Gewächse – und kostet weniger! Dicht gewoben, lang anhaltend, legt er sich wie Samt auf die Zunge und bleibt dort ellenlang. Ein toller Wein vom Zauberberg.

QUARZIT ZWEI TRAUBEN RIESLING TROCKEN
Weingut Peter Jakob Kühn/Oestrich-Winkel

Eine im Bukett dezent rauchige Riesling-Cuvée, die in verschiedenen Weinbergen des Oestricher Doosberg gewachsen ist: markant, kraftvoll, mit zartcremig eingehüllter Mineralität. Auch dies ist ein Affront gegen die reine Lehre: »Mutig haben wir erprobte Verfahren aufgegeben und einfach zurückgeschaut auf vergangene Traditionen«, sagt Bio-Winzer Peter Jakob Kühn, und man schmeckt es. Ein Wein mit zartem Schmelz, feiner Würze, traubiger Frische und transparenter Frucht.

TERRA MONTOSA RIESLING TROCKEN
Weingut Georg Breuer/Rüdesheim

In dieser Lagen-Cuvée werden die ausgesonderten Teile der Spitzenlagen verschnitten, und das Ergebnis fasziniert, überrascht und verblüfft. Ein feinduftiger Wein: leicht pikant mit anklingender Exotik – sozusagen eine unverblümt zur Sache kommende Essenz des Rüdesheim Berges. Klar, strahlend und saftig.

WALLUFER WALKENBERG SPÄTBURGUNDER SPÄTLESE TROCKEN ALTE REBEN
Weingut J. B. Becker/Walluf

Der durch und durch originelle und versierte Traditionalist Hans-Josef Becker ist ein Meister des Ausbaus im großen Holzfass. Die Spätlese Alte Reben hat feine, zupackende, saftige Gerbstoffe und ist noch komplexer und dichter als die normale Spätlese. Sie besitzt eine differenzierte Beerenfrucht und edle Mandelnote, eine sich sanft aufbauende Wärme und einen eigenwilligen Charakter. Enorm lagerfähig, verfeinert sie sich oft über zehn Jahre.

SCHLOSS VOLLRADS RIESLING KABINETT TROCKEN
Weingut Schloss Vollrads/Oestrich-Winkel

Unter der Ägide von Gutsdirektor Rowald Hepp gelingen immer beeindruckendere, feinere, charmantere, differenziertere Weine. Dieser prächtige Riesling ist ein wunderbares Beispiel für die Kabinettkultur des Rieslings – und insbesondere der von Schloss Vollrads. Charme, Spiel und Statur: diese Quadratur des Kreises gelingt ungemein stilsicher. Das alles ist eingehüllt von leicht salziger, pikanter Mineralität. Wunderbar saftige, nervige, rassige Eleganz.

ser klare, filigrane Rassewein wächst auf dem Schloss-Plateau und im ersten darunter liegenden Gewann, wo die Löss-Lehmauflagen nur 70 bis 100 Zentimeter betragen, und die vollreifen Beeren nie allzu opulent, sondern nach säurefrischer Traubigkeit schmecken. Weniger Säure ist hier ein Plus. Die Spätlese trocken ist da deutlich reifer und geschmeidiger, während das im Jahrgang 2005 erstmals gekelterte Erste Gewächs eine enorme Geschmeidigkeit besitzt. Den Schloss Johannisberger Rieslingen fehlt es selten an Fülle oder Kraft. Die Leistung von Christian Witte und seinem Team ist es ganz zweifellos, die stilistischen Möglichkeiten weiter ausgeschöpft und insbesondere dem Ersten Gewächs immer mehr Eigenart und Charakter verliehen zu haben. Die packenden Aromen von frisch aufgeschnittenen Zitrusfrüchten und Quitten münden in ein feinnerviges Spiel von Säure und Mineralien. Ein Wein, der ans Eingemachte geht: beerige Rieslingart, feine Fruchtsäure, deutlich weniger Fett und Wucht als sonst oft in dieser Weinkategorie – und trotz der Ausmaße erdverbunden und gänzlich ohne Sumo-Ringer-Attitüde von Schloss Johannisburg kommt so bei den trockenen Weinen eine neue Definition von Statur und Leichtigkeit ins Spiel. Diese neue Leichtigkeit spürt man auch im Charme des feinherben Riesling-Kabinetts und in der fruchtigen Spätlese. Diese Weine beeindrucken durch Klarheit und Feinheit, haben in ihrem Inneren ein eher festes Gefüge. Wohltuend hebt sich die teils recht späte Abfüllpraxis vom Rheingau-Kontex ab. So wurde das hervorragende Erste Gewächs Silberlack 2007 erst im August abgefüllt, und der Weincharakter konnte sich dadurch weiter festigen. »Ich würde gerne noch später abfüllen«, sagt Witte sogar, »die ausgedehnte Reifezeit auf der Hefe gibt dem Wein eine gewisse Cremigkeit und noch größere Komplexität und ergibt dadurch eine bessere innere Stabilität.«

Löss
Feinstaubsediment, das durch Wind abgelagert wurde.
Im Rheingau kommt Löss oft gemischt mit Lehm vor. Man könnte den »typischen« Rheingauer Weinbergsboden als Löss-Lehm beschreiben.

Der junge, engagierte Domänenverwalter möchte zukünftig insbesondere das Erste Gewächs noch stärker in den Fokus rücken, durch Qualität, aber auch durch Markttransparenz ohne homöopathische Dosis. Vom 2007er Silberlack wurden 13 000 Flaschen vinifiziert, doch laut Christian Witte birgt der »Langenberg«, die interne Bezeichnung für die besten Parzellen mit besonders tiefgründigen Böden im zweiten und im dritten Gewann, »das Potenzial für 40 000 bis 50 000 Liter Erstes Gewächs.« Ein sehr selbstbewusstes

Statement zu einer der faszinierenden Innovationen im gesamten Rheingau.

Es mutet angesichts der historischen Meriten von Schloss Johannisberg fast provokant an, dass es auf dem historischen Talgrund des Johannisberges noch ein weiteres Weingut gibt, dessen Weine dem Schloss in puncto Eleganz, Nachhaltigkeit, Mineralität und Finesse ebenbürtig sind: das WEINGUT JOHANNISHOF der Familie Eser, die erstklassige Lagen rund um den Johannisberg, in Winkel, Geisenheim und Rüdesheim bewirtschaftet. Bereits die trockenen Kabinettweine sind vorzüglich, delikat und seidig, die Ersten Gewächse sind pure Delikatessen und zählen in guten Jahren zur Rheingauer Spitze – der Rüdesheimer Rottland etwa ist meist betörend seidig und zugleich füllig. Das Gut ist auch einer der führenden Erzeuger von Charta-Weinen, die bei einem Alkoholgehalt von 11,5 Volumenprozent ansprechende Harmonie, Körper und Eleganz zeigen. Die Weine aus dem Winkeler Hasensprung und Jesuitengarten sind betonter in der Säure, was ihnen Stahligkeit und animierende Brillanz verleiht. Johannes Eser markiert drei Johannisberger Lagen mit Anfangsbuchstaben: G für Goldatzel, V für Vogelsang und S für Schwarzenstein. Obwohl sein Johannisberger Weinbergsbesitz Schloss Johannisberg nachsteht – nur ein kleiner Teil hat vergleichbares Qualitätspotenzial zum Hauptberg –, zeigen die Weine, dass das Engagement des Erzeugers der entscheidende Faktor für die Güte der Weine ist. Johannes Eser und sein Vater Hans Hermann haben keine Angst vor rassiger Säure, ganz im Gegenteil, jeder ihrer Weine zeigt die Tugend des Rheingauer Rieslings: das fruchtbetonte Säurespiel.

Weingut Johannishof
Grund 63
D-65366 Geisenheim-Johannisberg
Tel. +49 (0)67 22/82 16
Fax +49 (0)67 22/63 87
E-Mail:
info@weingut-johannishof.de
www.weingut-johannishof.de
Öffnungszeiten:
Mo.–Fr. 8–12 und 13–18 Uhr,
Sa. 10–15 Uhr
Vinothek »Weintempel«:
Sa. 15–18 Uhr, So. 11–17 Uhr

Als Rückkoppelungseffekt werden durch die aufstrebenden bürgerlichen Güter die einstigen Flaggschiffe unter Druck gesetzt und müssen mit besseren Tropfen kontern. Das renommierte Traditionsweingut Schloss Vollrads in Oestrich-Winkel setzt unter der Ägide von Rowald Hepp den Aufwärtstrend fort. Und auch wenn die Weine noch nicht voll und ganz das immense Potenzial der Weinberge ausschöpfen, so steht SCHLOSS VOLLRADS mit an der Spitze der nun mit enormer Energie wieder auf Kurs gebrachten einstigen Rheingauer Flaggschiffe. Und zwar dank eines langfristig angelegten, durchdachten Konzepts und der Fähigkeit zur Selbstkritik! Der Vollradser Gutsdirektor Hepp kritisiert ein verkostungsorientiertes Denken und dass »in den letzten Jahren Nasenbären in den Vordergrund getreten sind«. Riesling ist für ihn allerdings nicht die fruchtigste aller Rebsorten, sondern jene, die Mineralstoffe bestens an ihr Säurespiel bindet und so das jeweilige Terroir facettenreich ausdrückt.

»Diese komplexe Mineralität macht für mich den Vollradser Wein und klassischen Rheingauer Riesling gleichermaßen aus«, lautet sein Credo.

Bei Bohrungen zeigte sich, dass der Boden rund um Schloss Vollrads sechs verschiedene Schichtungen aufweist. Es gelingt Hepp von Jahr zu Jahr besser, diesen »multi-mineralischen, komplexen Charakter« herauszukitzeln. Er schätzt eine gewisse Sämigkeit in den Weinen, eine durch die Konzentration an Mineralstoffen leicht angeraute Textur im Mund. Die Voraussetzung dafür ist allerdings eine akribische, naturnahe Weinbergsarbeit und vor allem eine abgestimmte, mehrdimensionale Balance der Hauptgeschmackskomponenten. Im Idealfall stellt sich dieses Gleichgewicht im Weinberg ein, andernfalls praktiziert Hepp bei einem leichten Säureüberhang etwa den – vorsichtigen – biologischen Säureabbau. Und obwohl der Stammbaum der Vorbesitzer, des Geschlechtes Matuschka-Greiffenclau, bis ins Jahr 1097 zurückreicht und diese über 27 Generationen das Schloss bewirtschafteten (bis zum Freitod von Erwein Graf Matuschka-Greiffenclau 1997), transzendieren die heutigen Weine einen klassischen Stil auf ein neues, immer homogeneres Niveau. Die wunderbare Kabinettkultur des Gutes ist lebendig, schwungvoll und mit reichlich erfrischender Frucht von Aprikose und Pfirsich, während die halbtrockenen Rieslinge mit einer Riesenportion an Charme aufwarten. Die Eigenständigkeit des trockenen Rieslings beeindruckt. Nur hat dieser Wein trotz seiner Leichtigkeit eine ordentliche Portion Mineralität. Kein Breitwandformat mit plakativem Bukett und vordergründiger Tutti-Frutti-Frucht: statt Dominanz der Primäraromen zeigt dieser prototypische Wein schon in seiner Jugend die pikante Leichtigkeit. Er liegt meist zwischen 80 und 85 Grad Öchsle, und Rowald Hepp sieht als einen Qualitätsfaktor die in den letzten Jahren optimierte Laubarbeit. Im Herbst nach der Abschlussspritzung darf das Laub wachsen,

Weingut Schloss Vollrads
D-65375 Oestrich-Winkel
Tel. +49 (0)67 23/6 60
Fax +49 (0)67 23/66 66
E-Mail: info@schlossvollrads.com
www.schlossvollrads.com
Öffnungszeiten Vinothek:
Ostern bis 31. Oktober
Mo.–Fr. 9–18 Uhr, Sa., So. und
an Feiertagen 11–19 Uhr,
1. November bis Ostern
Mo.–Fr. 9–17 Uhr, Sa., So. und
an Feiertagen 12–17 Uhr

Riesling-Ikone mit ungemein mineralischen Weinen: Schloss Vollrads in Oestrich-Winkel.

»damit mehr Zug auf die Wurzeln kommt. Denn so melden die Triebspitzen die Aufforderung, dass sie mehr Nährstoffe brauchen. Teile von diesem angekurbelten Transport werden in den Beeren eingelagert.« Eine noch tiefere Würze und eine köstliche Frucht zeigt die Spätlese trocken, während das Erste Gewächs die Klaviatur noch höher bewandert: kernige Feuersteinaromen und ein reicher Schatz an Mineralien. Insbesondere bei diesem Wein macht sich die immer differenziertere Weinbergsarbeit bezahlt – so werden etwa für den trockenen Spitzenwein die Trauben geteilt, um nur die besonders aromatischen Beeren ausreifen zu lassen.

Das Erste Gewächs zeigt in einem guten Jahr beeindruckend vielschichtige Mineralität, festen, rassigen Geschmack und feine Würze – der 2002er etwa ist zweifelsohne ein großer Wein. Und die fruchtigen und edelsüßen Spitzen haben Schmelz, Spiel und vitale Energie! Angesichts des aromatischen Reichtums hat die Auslese eine Klarheit und waghalsige Riesling-Säurefrische, fast so, als hätte sich das Alpen-Massiv direkt vor den Rhein aufgetürmt. Die Eisweine indes steigern das Gletschergefühl noch weiter. Nach der Auslese mit der sehr sauberen Botrytis, die wahrlich kein Fruchtmonster ist, beeindruckt am Eiswein insbesondere die pikante, salzige Mineralität. Sie macht die Größe dieser rassigen Spezialität aus. All diese Weine werden immer besser und verweisen aromatisch auf das Schlüsselwort für Rowald Hepp, wenn es um Riesling geht: »Für mich ist die Balance das Keyword«, sagt der versierte Gutsdirektor und fühlt diesem nach seiner Ansicht oft verkürzt verstandenen Begriff auf den Zahn: »Es geht uns nicht nur um die Harmonie zwischen Süße und Säure, sondern um die vollkommene Ausgewogenheit der relevanten Eigenschaften beim klassischen Rheingauer Riesling: die Balance zwischen Rebsortencharakter und Mineralität sowie Extrakt und Alkohol.« Keine Frage, hier »singen« die Rieslinge bereits bei moderatem Alkoholgehalt, sind wie bei den neuen, gelungenen trockenen Rieslingen von Weil im besten Sinne federleicht – und lassen sich ganz einfach voller Freude und Bekömmlichkeit trinken.

Rechts:
Rieslinge aus dem Rheingau waren vor 100 Jahren die teuersten Weine der Welt – noch vor Bordeaux und Burgund.

Dahinter steckt eben kein Ausruhen auf historischen erworbenen, aber längst vertrockneten Lorbeeren, sondern Selektion, Selektion und nochmals Selektion. Auch wenn es klischeehaft anmuten mag, aber große Weine entstehen nun

mal im Weinberg und um dessen Pflege ist es im Rheingau nicht immer zum Besten bestellt. Internen Schätzungen zufolge werden in dieser Prestigeregion etwa zwei Drittel aller Flächen mit dem Vollernter gelesen, zuweilen auch die Hektarerträge nach oben hin ausgereizt – und selbst in absoluten Prestigelagen fallen bei der optimalen Weinbergsarbeit angeblich auch gewisse wirtschaftliche Erwägungen ins Kalkül. Bei Vollrads jedenfalls wird nicht am falschen Ende gespart, und das schmeckt man eben heraus! »Der signifikante Punkt ist für mich«, sagt Gutsdirektor Hepp, »wenn du mit Trauben wie mit Erdbeeren umgehst. Kein Mensch möchte grüne Früchte! Das konsequent umzusetzen, hat uns den größten Schritt nach vorne gebracht.«

Weingut Freiherr Langwerth von Simmern
Kirchgasse 6
D-65343 Eltville
Tel. +49 (0)61 23/9 21 10
Fax +49 (0)61 23/92 11 33
E-Mail:
weingut-langwerth-von-simmern@t-online.de
www.weingut-langwerth-von-simmern.de
Öffnungszeiten Vinothek:
Mo.–Fr. 13–18 Uhr, Sa. 10–17 Uhr

Ein Paradebeispiel für alte und neue glorreiche Rheingauer Zeiten ist auch das WEINGUT FREIHERR LANGWERTH VON SIMMERN aus Eltville, seit 500 Jahren in Familienbesitz. Georg Reinhard und seine engagierte Gattin Andrea Freifrau Langwerth von Simmern investierten aufwendig in die Restaurierung des historischen Anwesens sowie des Kellers und verkleinerten die Rebfläche – mit Erfolg!

»Mitte der 1990er-Jahre standen noch zehn unterschiedliche Kabinettweine im Programm«, sagt Freiherr Langwerth zu Simmern, »das haben wir gründlich gestrafft und 2001 den erfahrenen Kellermeister Dirk Roth eingestellt.« Das Lagenportfolio in den Gemarkungen Kiedrich, Hattenheim, Erbach, Rauenthal und Eltville jedenfalls ist gewaltig.

An der Spitze der trockenen Weine steht das Erste Gewächs aus 60-jährigen Reben aus dem Hattenheimer Mannberg, der direkt neben dem Marcobrunn liegt; ein von feinstem Quittengelee und zarten Fruchtadern strotzender Klassiker. Dahinter folgen die Lagenweine mit dem kräftigen Hattenheimer Nussbrunnen und seinen reifen Fruchtnoten von Pfirsich, Aprikose und Apfel. Der Wisselbrunnen ist ebenfalls ein Maul voll Wein, noch eine Spur fülliger mit dem Saft von Grapefruit und anderen Zitrusfrüchten. Vor allem gelingen hier die wohl besten Weine aus dem Rauenthaler Baiken. Die Spätlese Blue Cap 2005 etwa bildet mit mineralischer Brillanz und Stärke einen aufregenden zartsüßen Kontrapunkt zum Ersten Gewächs. Und obwohl die edelsüßen Spitzen einen wunderbaren Glanz und animierende Leichtigkeit haben, sind der würzige, dichte Literwein und die Ortsrieslinge aus Hattenheim sowie Eltville ebenfalls Zeugnisse für die Renaissance dieses ehrwürdigen Gutes.

Ähnliches gilt für Schloss Schönborn in Hattenheim, das sich in den letzten Jahren grundlegend gewandelt hat. Mit dem Jahrgang 2001 stieg Peter Barth als Kellermeister ein, der seit 2006 auch als Betriebsleiter tätig ist. Peter Barth ist ein Verfechter des Rieslingausbaus im großen Holzfass, den er zuvor auch zehn Jahre als Kellermeister im traditionsreichen Weingut Langwerth von Simmern in Eltville (siehe S. 58) praktizierte. Diese Ausbauweise ist für ihn letztlich »eine Charakterfrage, denn im Holzfass kann sich der Riesling erst so richtig finden. Außerdem werden die Weine komplexer.« Im Verhältnis zum reinen Stahltankausbau »lassen sich bis zu 200 Mal mehr verschiedene Aroma- und Geschmacksstoffe nachweisen«. So werden auf Schönborn peu à peu immer mehr klassische Doppelstückfässer angeschafft, und etwa die beiden beeindruckenden Ersten Gewächse aus dem Erbacher Marcobrunn und der Monopollage Hattenheimer Pfaffenberg inzwischen komplett im Holzfass ausgebaut.

Domänenweingut Schloss Schönborn
Hauptstraße 53
D-65347 Eltville-Hattenheim
Tel. +49 (0)67 23/9 18 10
Fax +49 (0)67 23/91 81 91
E-Mail:
schloss-schoenborn@schoenborn.de
www.schoenborn.de
Öffnungszeiten:
Mo.–Fr. 8–16.30 Uhr

Diese neue Handschrift schmeckt man immer mehr auch beim trockenen und halbtrockenen Gutsriesling, die schöne Frische und ein charmantes Fruchtspektrum bieten. Die beiden Kabinettweine aus dem Hochheimer Kirchenstück und dem Hattenheimer Nussbrunnen haben schon eine gehörige Portion Volumen, wobei der Nussbrunnen immer eine leicht pikante Säure hat, die sehr anregend zum Essen ist. Langfristig soll der Anteil der trockenen Spätlesen reduziert werden, wobei sich die Bedeutung der Ersten Gewächse erhöht. Hier bietet Schloss Schönborn aktuell gleich vier Rieslinge an, die zum Besten in dieser nicht immer überzeugenden Kategorie gehören. Wohl kein anderes Gut keltert derzeit eine solch überzeugende Phalanx!

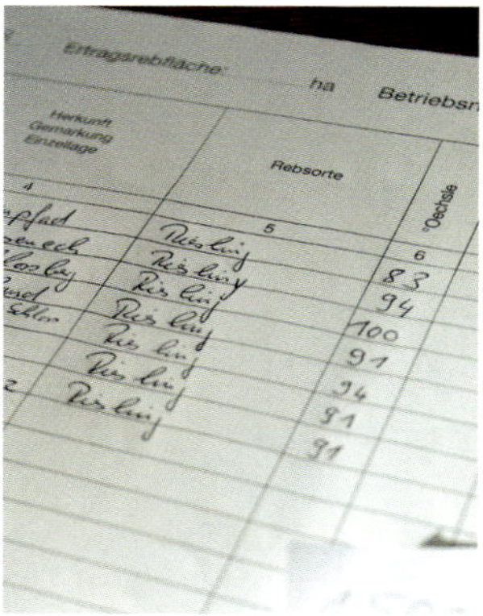

Der Rheingau ist Rieslings-Ursprungsregion und definierte die Königin der Weißweinsorten bereits vor 150 Jahren als seine Leitsorte.

Angesichts des überragenden Lagen-Portfolios ist dies aber auch nur konsequent. Nachdem lange Jahre das natürliche Potenzial dieses Spitzenbetriebs nicht voll ausgeschöpft wurde, knüpft man nun endlich an glorreiche Zeiten an. 1349 gegründet, zählt Schloss Schönborn zu den ältesten Adelsgütern Deutschlands und hat 1911, 1945 und 1959 im 20. Jahrhundert legendäre Weine gekeltert. Legendär sind aber auch historische Weine wie der 1735er Johannisberger – er stammt aus dem »Gräflich Schönborn'schen Eigenbau«. Auch hier ist die Renaissance des trockenen Rheingauer Rieslings in vollem Gang, und daran hat Inhaber Paul Graf von Schönborn, der in der nunmehr 24. Generation die Geschicke leitet, seinen gewichtigen Anteil. Vor allem aber ist dieser Aufschwung Peter Barth zu verdanken, der in den letzten Jahren gezeigt hat, wie sehr der Rheingauer Riesling vom klassischen Ausbau im Doppelstückfass profitiert. Dabei gibt es nach Ansicht des engagierten Betriebsleiters im Rheingau durchaus eine Kehrtwende, denn »fast hatte hier eine Generation schon den Holzfassausbau vergessen«.

Ausbau
Kontrollierte Reifung des Weins nach der alkoholischen Gärung in Fässern oder Tanks. Der Weinausbau kann ein paar Wochen, aber auch mehrere Jahre dauern.

Bei einer selbst bewirtschafteten Anbaufläche von 50 Hektar konzentrierten sich Peter Barth und sein Team vor allem auf sechs Lagen, wobei Kirchenstück und Nussbrunnen für trockene Riesling-Kabinettweine stehen. An der Spitze hat sich ein eindrucksvolles Quartett der Ersten Gewächse aus der Hochheimer Domdechanay, dem Rüdesheimer Schlossberg, dem Hattenheimer Pfaffenberg und dem Erbacher Marcobrunn formiert, wobei der mineralische Riesling von 40-jährigen Reben aus dem Schlossberg durch seine Tiefe besonders hervorsticht. Die beiden Flaggschiffe sind aber zweifellos der Pfaffenberg und der Marcobrunn.

In zwölf Gemeinden von Hochheim bis Lorchhausen besitzt das Schloss zwar absolute Spitzenlagen, mit gut 2,4 Hektar aber rund ein Drittel im Marcobrunn. Selbst in diesem Portfolio sind die alten, berühmten Marcobrunn-Parzellen das absolute i-Tüpfelchen – denn 1,5 Hektar des Marcobrunn sind mit 60-jährigen Reben bestockt und nicht flurbereinigt.

Dank der immer akribischeren Selektion haben die berühmten Riesling-Schlösser wieder deutlich zugelegt.

»Es wurden dort also keine Wege gebaut«, sagt Barth, »und es wurde auch nicht geschoben, die Bodenstruktur ist komplett geblieben. Es handelt sich also um ein originäres Stück Marcobrunn.« Und das schmeckt man! Eine Riesling-Essenz wie die Riesling-Trockenbeerenauslese Marcobrunn 2007 hat eine fast schon bacchantische Dimension: kräutrig, würzig, hochviskos, unwirklich zeitlos, einfach nur schön. Und genau das macht auch den Kern des Marcobrunn aus: die feine Mineralität, die Eleganz, nicht das protzige Volumen. Um diese Feinheit herauszukitzeln, legt Barth aber Wert auf niedrige Erträge. 2007 etwa kelterte er nur 32 Hektoliter pro Hektar, und das Erste Gewächse zeigt all das, was einen großen trockenen Marcobrunn ausmacht: Wildkräuter, kandierte Früchte, sahniger Schmelz, herrliche Noten von Karamell und feinsten englischen Toffees, dazu eine hintergründige Säure und richtig Extrakt für ein langes Leben. Vor allem aber auch jene fein gewobene Sensibilität, die sich von vorne bis nach hinten am Gaumen durchzieht. Unwiderstehlich! Ein richtiger *charming boy* ist hingegen das Pendant aus dem Pfaffenberg, eine Monopollage direkt unterhalb des Schlosses, wo immerhin 6,5 Hektar bewirtschaftet werden. Dieser Wein strotzt nur so vor grünen und gelben Früchten, ist feinwürzig, komplex und vollsaftig – und auch wenn der Marcobrunn mitunter als Schwergewicht tituliert wird, schmeckt der Pfaffenberg oft dichter und duftiger, bei wunderbarer Frische. Aber der Marcobrunn ist eben ein extremer Spätentwickler und Charakterkopf. Und echte Charaktere benötigen Zeit! Zweifellos spielen die Schönborn-Rieslinge im Kontext der traditionsreichen Flaggschiffe inzwischen wieder in einer ganz eigenen Liga: gradlinig, dennoch verspielt, mit zart abgestimmter Fruchtsäure und dem perfekten Schuss Rheingauer Lebensfreude.

Das Potenzial für einen der führenden Betriebe im Rheingau hat auch Schloss Reinhartshausen in Erbach, gleich am Marcobrunn liegend. Und genau in einer neuen Erfolgsspur bewegt sich dieses einstige Flaggschiff unter der Ägide von Walter Bibo. Besitzerwechsel führten zu Qualitätsschwankungen, doch der neue Betriebsleiter hat den Betrieb mittlerweile im Rheingauer Spitzenfeld positioniert. Das Niveau ist viel homogener geworden, der teils recht hohe Alkohol von über 14 Volumenprozent aus 2003, dem ersten Jahrgang von Bibo auf Reinhartshausen, ist längst vom Tisch. Auch wenn so mancher Basiswein in der Säure vielleicht noch einen Tick zu aggressiv ist, so haben die Weine unter Bibo deutlich an Schmelz und Nachdruck gewonnnen, ohne ihren fruchtigen Charme einzubüßen. Bereits der Weißburgunder/Chardonnay ist ein echter Klassiker: nichts Wachsweiches oder Fettes, sondern ein Geschmack nach gewachsener, gradliniger Burgunderart, die nicht nach einem modischen Trend gestylt ist. Der Riesling aus dem Schlossberg zeigt ein Strahlen, das nichts Aufgesetztes besitzt, sondern von innen kommt. Hier ist auch richtige mineralische Salzigkeit im Glas, die für Nachdruck sorgt. Eine noch generösere Ausstattung hat der Hohenrein Alte Reben Ries-

Weingut Schloss Reinhartshausen
Hauptstraße 41
D-65346 Eltville-Erbach
Tel. +49 (0)61 23/67 63 33
Fax +49 (0)61 23/42 22
E-Mail: service@schloss-reinhartshausen.de
www.schloss-reinhartshausen.de
Öffnungszeiten Vinothek:
Mo.–Fr. 9–18 Uhr, Sa., So. und an Feiertagen 10–18 Uhr
Schloss Schänke und Hotel
Tel. +49 (0)61 23/67 60,
www.schloss-hotel.de

ling feinherb – die Früchte sind ausgewogen und schmecken richtig saftig. Glockenklar und transparent erinnert der Siegelsberg an einen luftigen, offenen Raum unter freiem Himmel. Der Knüller hier aber sind die Rieslinge aus dem Marcobrunn, die in einem für diese Lage großartigen Jahr wie 2007 in einer eigenen Liga spielen. Auch wenn gelegentlich

Im Rheingau profitieren die Reben von einem besonders milden Kleinklima.

behauptet wird, der berühmte Marcobrunn erinnere in seiner Anmutung an einen Schwergewichtsboxer, so ist er vor allem eins: ein Finessenwein. Er profitiert dabei nicht nur von ausgedehnter, erstaunlich langer Reife, sondern kann gerade in vermeintlich »kleinen« Jahrgängen eine unwiderstehliche Ananasfruchtigkeit und köstliche Karamellnote zeigen. Überhaupt sind gerade die ganz erstaunlichen Qualitäten in längst zurückliegenden, heute fast vergessenen Jahrgängen wie 1969 und 1973 eine der großen Stärken der klassischen beinahe unverwüstlich scheinenden Rheingauer. Auch darin ähnelt dieser Landstrich Burgund. Die köstliche Finesse der Ersten Gewächse aus dem Marcobrunn zeigt sich indes im Nachhall. Der Wein scheint am Gaumen gerade zu verebben, da blühen Früchte, Mineralien, Kräuternoten, Karamellanklänge und Säure urplötzlich wieder auf – nur um zu bleiben. Die Edelsüßen aus dem Marcobrunn geben eine prächtige Figur in neuer Kleidung ab. Man riecht hinein, und sofort kommt dieser originäre Marcobrunn-Duft: Butterscotch, Toffee, Karamell, etwas Tabak, exotische Früchte, Würze. Gerade bei Edelsüßen zeigt dieser Betrieb eine ganz eigene Konstanz, die trockenen Weine sind inzwischen auf einem viel höheren Niveau und profitieren dabei von dem gewaltigen Lagen-Portfolio und der besonderen Exposition. »Reinhartshausen liegt immer so ein halbes bis ein Promille Säure über dem Rest«, sagt Walter Bibo. »Wir haben eben viele Brunnenlagen mit einer höheren Wasserversorgung der Reben. Dadurch hält sich die Säure besser!« Die Renaissance von Reinhartshausen und damit auch des Marcobrunns ist im vollem Gang.

Die Rebkultur hat im Rheingau eine besondere Tradition.

Denn gerade am Marcobrunn, den aktuell sieben in der Qualität recht heterogene Erzeuger bewirtschaften, zeigt sich der historische Umbruch, die Demontage des heutzutage unter betriebswirtschaftlichem Druck stehenden Elitären nicht nur im Rheingau, sondern in der gesamten modernen Weinwelt überhaupt: Historische Betriebe, Schlösser, Güter und Weinbergslagen, die vor Jahrhunderten als der Inbegriff der Terroir-Weine galten, ergeben eben nicht zwangsläufig auch große Weine. Der Steinberg und der Rauenthaler Baiken sind leider ebenfalls treffende Beispiele dafür.

Dem Steinberg sagt man nach, er sei die Wiege des deutschen Weinbaus und seine besten Weine seien die Quersumme für Riesling überhaupt. Und tatsächlich sind der Glanz und der provozierend komplexe Charakter eines Steinbergers – meist in Form einer schon mehr als 20 Jahre gereiften Auslese mit beinahe überirdischer Pfirsich- und Aprikosenfruchtigkeit oder einer 1920er Trockenbeerenauslese mit ebensolchem Feigenduft – der Inbegriff deutscher Weinkultur. Großartige Weine entstanden auch nach dem Zweiten Weltkrieg, etwa eine vor köstlichen Trockenfrüchten nur so strotzende 1959er Riesling Trockenbeerenauslese.

Unterhalb von Kloster Eberbach liegt dieser 34 Hektar große, in Manier eines burgundischen *Clos* mauerumfriedete Wingert. Die Mauer schützt vor der nächtlich abfließenden Kaltluft aus dem Rheingaugebirge und ist Voraussetzung für ein spezielles Kleinklima. Hinter dem Torbogen verbirgt sich ein kleines Paradies mit unvergleichlichem Panoramablick. Am Wochenende kommen viele Ausflügler zum »Schwarzen Häuschen«, um hier bei einer zünftigen Vesper den Steinberger zu genießen.

Hessische Staatsweingüter Kloster Eberbach
Schwalbacher Straße 56–62
D-65343 Eltville
Tel. +49 (0)61 23/9 23 00
Fax +49 (0)61 23/92 30 90
E-Mail:
info@weingut-kloster-eberbach.de
www.weingut-kloster-eberbach.de
Öffnungszeiten Vinothek:
Mo.–So. 10–18 Uhr

Der Steinberger ist als Monopollage der Hessischen Staatsweingüter Kloster Eberbach in Eltville auch ihr Brot-und-Butter-Wein und etwa im Kabinettbereich ein Exportschlager. Seine großen Edelsüßen hingegen werden auf Auktionen gehandelt und sind fast unerschwinglich. Eine Spezialität ist der Mauerwein von Trauben, die direkt an der Mauerinnenseite wachsen. In heißen Jahren wie 2003 kommt der Steinberg erst so richtig aus sich heraus, seine Rieslinge von der Spätlese aufwärts sind dann stoffiger, konzentrierter und exotischer.

Ebenso langlebig und bisweilen sogar noch einen Tick aufregender können die Gewächse aus dem Rauenthaler Baiken sein, wo die Staatsweingüter reich vertreten sind. Die Weine aus einer mittel- bis tiefgründigen Höhenlage in Südausrichtung zählen zu den großartigsten Rheingauern, die Nachbarlagen Gehrn und Wülfen stehen ihnen kaum nach. Baiken-Rieslinge zeigen Finesse und Fülle, betören durch eine filigrane Frucht mit exotischen Nuancen. Mit ihrer vom steinigen Phyllitboden herrührenden mineralischen Würze zeigen sie enorme Geschmackstiefe und sind ebenso langlebig wie die Steinberger. Allerdings wird bei beiden Lagen vor allem im trockenen Bereich das natürliche Potenzial um Längen noch nicht ausgeschöpft, während auf der andere Seite die 2005er Riesling Trockenbeerenauslese aus dem Baiken geradezu atemberaubend ist.

Es ist schier unglaublich, mit welch erstklassigen Lagen dieser Betrieb gesegnet ist: Käme es nur auf die Güte der Weinberge an, müsste dieser Betrieb in ganz Deutschland mit oben an der Spitze stehen.

Doch machen die Staatsweingüter heute weniger durch superbe Weinqualität als durch die teils hitzig geführte Diskussion um einen Kellerei-Neubau auf sich aufmerksam. Die Errichtung einer unterirdischen Zentralkellerei für rund 15 Millionen Euro durch die Hessische Staatsweingüter Kloster Eberbach GmbH auf dem Gelände der alten Rebveredelungsanstalt der Domäne Steinberg direkt neben dem berühmten Steinberg hat die Gemüter dermaßen erregt, dass dieser Streit nicht nur den Rheingau gespalten, sondern seinem Image insgesamt geschadet hat. Längst ging es nicht mehr um die Frage, ob sich das Land noch ein Weingut leisten soll, und darum, ob es dessen Wettbewerbsfähigkeit durch Millionen unterstützen darf. Das Projekt hat eine tiefe Verwerfungslinie freigelegt, die quer durch Stammtische, Parteien, Freundeskreise und Winzerschaft geht.

»Die Staatsweingüter sollen als Flaggschiff den anderen voranfahren«, argumentiert Dieter Greiner, der Geschäftsführer der Staatsweingüter. Doch hat man vielleicht bei der Wahl des Neubaustandortes die tiefe Verbundenheit der Bevölkerung und der Winzer mit dem einmaligen Steinberg unterschätzt – und heißt dieser Anspruch nicht auch, in puncto Qualität ganz vorne dabei zu sein?

Wie dem auch sei – über das tatsächliche Weinniveau entscheiden nicht die technische Ausstattung des Kellers, sondern vor allem die Weinbergsarbeit und der möglichst perfekte Zustand der Beere. Der Steinberg ist seit jeher das funkelnde Juwel in der Kette berühmter Rheingauer Lagen, und diesem Ruf wird man durch die Vielzahl an Brot-und-Butter-Weinen aus dieser Prachtlage keinesfalls gerecht. Bietet der Steinberg denn nicht auch das eindrückliche Potenzial für herausragende trockene Rieslinge, die zur absoluten Spitze gehören können und sollten? Um den Anspruch als »Flaggschiff« einzulösen, muss die Weinqualität weiter gesteigert werden, zumindest gemessen an dem, was möglich scheint. Zu hoffen bleibt, dass die positiven Trends der letzten Jahre dank der Innovationen Greiners durch dieses Neubauprojekt nicht konterkariert werden.

Der Jahrgang 1811 markierte den internationalen Durchbruch für den Rheingau, der durch die Entwicklung eines Rieslingstils aus edelfaulen Trauben weltberühmt wurde.

Freiheit ist immer die Freiheit des Andersdenkenden«, schrieb Rosa Luxemburg, »nicht wegen des Fanatismus der ›Gerechtigkeit‹, sondern weil all das Belebende, Heilsame und Reinigende der politischen Freiheit an diesem Wesen hängt und seine Wirkung versagt, wenn die ›Freiheit‹ zum Privilegium wird.« Genau diese Freiheit des Geistes braucht der altehrwürdige Rheingau mehr denn je – zumal der einstige Riesling Superstar durch die nicht immer ganz differenzierte Kritik der letzten Jahre in seinem Inneren tief verunsichert scheint! Seine Renaissance ist jedoch schon in vollem Gange, was altehrwürdige Betriebe wie Schloss Vollrads, Schloss Schönborn, Schloss Johannisberg, Schloss Reinhartshausen und auch die gesteigerte, wunderbar frische Qualität der positiv-leichten trockenen Rieslinge unterhalb des Ersten Gewächs' von Weil deutlich zeigen.

»Diese Weine sind goldhell, von trockenem, pikantem Geschmack und köstlichem Bukett, das kein anderer Wein in solcher Fülle und Kraft besitzt.« So beschreibt den Rheingauer Riesling »Meyers Großes Konversationslexikon« in der Ausgabe von 1907, und dieses Statement ist heute aktueller denn je! Denn gerade um dieses klare Geschmacksbild geht es, um Präzision, Mineralität, Säurespiel, Alterungspotenzial und traubige Substanz – und weniger um Regeln, Marketing, süße Wucht und flauschig-weiche Frucht. Der eigentliche Kern dieser Weine ist dabei die ungemein facettenreiche Verbindung von Schlankheit und Kraft. Doch leider ist ein Begriff wie »Schlankheit« in der Region oft negativ belegt. Hier erfreut das Credo von Weil, der für das Potenzial der lange unterschätzten Höhenlagen und die ihnen innewohnende Kühle und Finesse plädiert. Zur weiteren Renaissance gehört aber auch, das örtliche Kirchturmdenken in der Region aufzugeben, das Erste-Gewächs-Projekt weiterzuentwickeln und auch weintouristisch – trotz aller wahrhaft überzeugenden Veranstaltungen und Festivals – noch mehr zuzulegen. Ganz zweifellos leidet die Region noch darunter, dass allseits akzeptierte Leitfiguren wie Helmut Dönnhoff an der Nahe fehlen. Denn es ist sicherlich schwieriger, die große weite Weinwelt von der tatsächlich deutlich angestiegenen Weinqualität des modernen Rheingaus zu überzeugen als die rund fünf Millionen Bewohner des angrenzenden Rhein-Main-Ballungsraumes.

Im Gegensatz zu vielen anderen Gebieten haben die führenden Betriebe im Rheingau eine ansehnliche Schatzkammer.

Was wäre also wohl erst, wenn der Rheingau dank der zweifellos eingeläuteten Renaissance nun endgültig aus dem Gebück herauskäme und mit mutigen, individuellen Weinen und dem offenen »G7-Geist« noch mehr Vertrauen in die eigenen Stärken entwickeln würde? Getreu dem Motto: »Keine Angst vor der eigenen Courage!« Denn die Gretchenfrage lautet: Ist der einstige Schutzwall als Mauer in den Köpfen auch heute noch unterschwellig wirksam?

Wie es gehen kann, zeigen die Leiter der drei großen Rieslingschlösser Johannisberg, Vollrads und Reinhartshausen. Christian Witte, Rowald Hepp und Walter Bibo pflegen einen freundschaftlich-kritischen Austausch, regen zu gegenseitiger Verbesserung an und feilen an Konzepten und gemeinsamen Veranstaltungen für ein jüngeres Publikum. Dieses Trio verbreitet auf Events lässige Rieslings-Lust, und fast wie von selbst steigert sich durch diesen sich gegenseitig befruchtenden offenen Geist die Rieslingqualität. Die Trendwende im Rheingau ist jedenfalls eingeläutet!

Rheingau Zentrum in Zahlen

	1907	1982	2007	Trend
Gesamtrebfläche	1613 ha	2616,9 ha	2459,76 ha	⇧
Weiße Rebsorten insgesamt	100 % = 1613 ha	97,61 % = 2554,4 ha	86,2 % = 2120,28 ha	⇩
Rote Rebsorten insgesamt	–	2,39 % = 62,5 ha	13,8 % = 339,48 ha	⇧⇧
Traditionelle Rebsorten	88,58 % = 1428,87 ha	84,01 % = 2198,4 ha	94,66 % = 2328,36 ha	⇧
Riesling	74,61 % = 1203,5 ha	81,97 % = 2145 ha	82 % = 2017,1 ha	⇧
Weißburgunder	k. A.	k. A.	1,3 % = 31,98 ha	⬀
Grauburgunder	k. A.	k. A.	0,54 % = 13,23 ha	⬀
Portugieser	k. A.	k. A.	0,24 % = 6,02 ha	⬀
Spätburgunder	k. A.	1,83 % = 47,85 ha	9,71 % = 238,82 ha	⇧⇧
Moderne Rebsorten	11,42 % = 184,13 ha	15,99 % = 418,55 ha	4,84 % = 119,11 ha	⇩⇩
Kerner	–	k. A.	0,56 % = 13,84 ha	⇧
Müller-Thurgau	k. A.	8,05 % = 210,65 ha	1,51 % = 37,2 ha	⇩⇩

Quellen: Regierungspräsidium Darmstadt, Dezernat Weinbauamt Eltville; Der Rheingaukreis von Dr. Richter zu Koblenz, Herausgegeben von dem Kreisausschuss des Rheingaukreises, Rüdesheim am Rhein im Selbstverlag des Kreisausschusses 1920.
Besonderer Dank gebührt der detailgenauen Recherche von Christoph Presser vom Weinbauamt in Eltville. Bereits um 1900 hatte sich der Rheingau zwischen Walluf und Rüdesheim eindrucksvoll auf den Riesling als einzige Leitsorte festgelegt und sich bei der Kultivierung dieser herausragenden Sorte somit besondere historische Meriten erworben.

WEITERE EMPFOHLENE WEINGÜTER

Weingut Ferdinand Abel
Mühlstraße 32–34
D-65375 Oestrich-Winkel
Tel. +49 (0)6723/28 53
Fax +49 (0)6723/8 74 54
E-Mail: mail@weingut-abel.de
www.weingut-abel.de

Weingut Fritz Allendorf – Georgshof
Kirchstraße 69
D-65375 Oestrich-Winkel
Tel. +49 (0)67 23/9 18 50
Fax +49 (0)67 23/91 85 40
E-Mail: allendorf@allendorf.de
www.allendorf.de
Öffnungszeiten: Mo.–Fr. 8–12 und 13–18 Uhr,
Sa. 10–16 Uhr, So. geschlossen
Das Weingut mit angeschlossenem Gutsausschank (Öffnungszeiten: Mai, Juni, September und Oktober Fr. ab 16 Uhr, Sa., So. und an Feiertagen ab 12 Uhr) veranstaltet besondere Weinproben und Weinbergswanderungen, bei denen man den Wein mit allen Sinnen entdecken kann.

Bischöfliches Weingut Rüdesheim
Marienthaler Straße 3
D-65385 Rüdesheim
Tel. +49 (0)67 22/91 05 60
Fax +49 (0)67 22/91 05 62
E-Mail: weingut@bistumlimburg.de
www.bischoefliches-weingut.de
Öffnungszeiten: Mo.–Fr. 13–17 Uhr und nach Vereinbarung

Weingut & Weinhandel Stefan Breuer
Marienthaler Straße 2
D-65366 Geisenheim
Tel. +49 (0)67 22/4 02 49 72
Fax +49 (0)67 22/4 02 57 80
E-Mail: sb@breuer-wein.de
www.breuer-wein.de
Öffnungszeiten: nach Vereinbarung
Nachdem Stefan Breuer 2006 aus dem elterlichen Weingut Altenkirch in Lorch 2006 ausgestiegen ist, feilt er in seinem Weingut in Geisenheim an seinem Konzept prototypischer, aber moderner Rheingauer Weine mit klarer Ausstattung insbesondere für jüngere Weinliebhaber. Die Weine steigern sich von Jahr zu Jahr, wie etwa die Riesling-Spätlese mit ihrem Aprikosengeflüster. Samtig-dichter Spätburgunder und vor allem ein herrlicher, an Brioche erinnernder Weißburgunder Barrique, der zu den Besten seiner Art im Rheingau gehört.

Weingut Chat Sauvage
Grund 65
D-65366 Geisenheim-Johannisberg
Tel. +49 (0)67 22/6 45 37
Fax +49 (0)67 22/74 21
E-Mail: pinot@chat-sauvage.de
www.chat-sauvage.de
Öffnungszeiten Gutsausschank: April bis Anfang Juni und Ende Juli bis September Fr. und Mo. ab 17 Uhr, Sa., So. und an Feiertagen ab 15 Uhr
Im Rheingau mit den rund 400 alteingesessenen Familienbetrieben kommen innovative Neugründungen nur selten vor. Umso bemerkenswerter ist Chat Sauvage (französisch für: »wilde Katze«). Der Hamburger Unternehmer Günter Schulz erfüllt sich seinen Jugendtraum und setzt vor allem auf ambitionierte Rheingauer Spätburgunder, die Erik Andersson für ihn auf der Schamari-Mühle in Johannisberg ausbaut. Das Resultat sind für die Region ganz außergewöhnliche Rote mit gut eingebundener Holznote im französischen Stil, die aber ihre Herkunft nicht verleugnen, ihre Wärme und Würze selbstbewusst und unverhohlen zur Schau stellen. Ebenso außergewöhnlich ist der Sortenspiegel: aktuell sind vier Hektar Weinberge in Johannisberg, Assmannshausen, Lorch, Winkel und Rüdesheim zu 100 Prozent mit Burgundern bestockt.

Weingut Friedrich Fendel
Marienthaler Straße 46
D-65385 Rüdesheim
Tel. +49 (0)67 22/9 05 70
Fax +49 (0)67 22/90 57 66
E-Mail: info@friedrich-fendel.de
www.friedrich-fendel.de
Öffnungszeiten: nach Vereinbarung

Weingut Stefan Gerhard
Waldbachstraße 4
D-65347 Eltville-Hattenheim
Tel. +49 (0)67 23/99 95 10
Fax +49 (0)67 23/99 95 11
E-Mail: info@weingut-gerhard.com
www.weingut-gerhard.com
Öffnungszeiten: nach Vereinbarung

Weingut Hamm
Hauptstraße 60
D-65375 Oestrich-Winkel
Tel. +49 (0)67 23/24 32
Fax +49 (0)67 23/8 76 66
E-Mail: info@hamm-wine.de
www.hamm-wine.de
Weinverkauf nach Vereinbarung
Öffnungszeiten Gutsausschank: Sommersaison täglich ab 18 Uhr, So. und an Feiertagen ab 12 Uhr, Montag Ruhetag, Wintersaison Fr. und Sa. ab 18 Uhr, So. ab 12 Uhr

Weingut Toni Jost
Hahnenhof
Oberstraße 14
D-55422 Bacharach
Tel. +49 (0)67 43/12 16
Fax +49 (0)67 43/10 76
E-Mail: tonijost@debitel.net
www.tonijost.de
Öffnungszeiten: nach Vereinbarung
Peter Jost baut in Bacharach von seinen Weinbergen im Rheingau von Wallufer Spitzenlagen kraftvolle, dichte, aber auch sehr gradlinige Weiß- und Rotweine aus. Fülliges, kraftvolles, Riesling-Erstes-Gewächs aus dem Wallufer Walkenberg, edelsüße Rieslinge mit einem ganzen Füllhorn an reifen Früchten, dazu lebendige und fleischige Weißburgunder mit feinem Schmelz sowie gehaltvolle Spätburgunder mit warmherziger Pflaumen- und Kirschnote.

Klosterweingut Abtei St. Hildegard
Klosterweg
D-65385 Rüdesheim
Tel. +49 (0)67 22/49 91 16
Fax +49 (0)67 22/49 91 85
E-Mail:
weingut@abtei-st-hildegard.de
www.abtei-st-hildegard.de
Öffnungszeiten Klosterladen:
9.30–11.45 und 14–17 Uhr

Weinhaus Hans Lang
Rheinallee 6
D-65347 Eltville-Hattenheim
Tel. +49 (0)67 23/24 75
Fax +49 (0)67 23/79 63
E-Mail: LangWein@t-online.de
www.weingut-hans-lang.de
Öffnungszeiten: Mo.–Fr. 8–12 und 13–17 Uhr, Sa. 9–13 Uhr

Weingut G. H. von Mumm
Am Erntebringer 9a
D-65366 Geisenheim-Johannisberg
Tel. +49 (0)67 22/7 00 90
Fax +49 (0)67 22/70 09 33
E-Mail:
info@schloss-johannisberg.de
www.mumm.de
Öffnungszeiten des Wein-Cabinet Schloss Johannisberg:
März bis Oktober Mo.–Fr. 10–13 und 14–18 Uhr, Sa., So und an Feiertagen 11–18 Uhr, Mai bis September 11–19 Uhr, November bis Februar Mo.–Fr. 10–13 und 14–18 Uhr, Sa. und So. 11–17 Uhr

Weingut Heinz Nikolai
Ringstraße 16
D-65346 Eltville-Erbach
Tel. +49 (0)61 23/6 27 08
Fax +49 (0)61 23/8 16 19
E-Mail: weingut@heinz-nikolai.de
www.heinz-nikolai.de
Öffnungszeiten:
Mo.–Sa. 10–19 Uhr, So. 10–14 Uhr und nach Vereinbarung
Der junge, engagierte Frank Nikolai kann in den letzten Jahren rundum überzeugen, insbesondere mit Rieslingen. Weine aus einem Guss, die »singen« und mit ihrem fruchtbetonten Säurespiel richtig Trinkfreude bereiten. Angesichts der Qualität günstige Preise! Die Edelsüßen zeigen Raffinement, die Spätburgunder sind geschliffen, in der Spitze teils aber auch (noch) zu intensiv vom Holz geprägt. Der Basis-Spätburgunder hingegen ist ein luxuriöser Alltagswein und widerlegt nachhaltig das Vorurteil, dass Rheingauer Spätburgunder unter zehn Euro nicht richtig gut schmecken können!

Weingut Balthasar Ress
Rheinallee 7
D-65347 Eltville-Hattenheim
Tel. +49 (0)67 23/9 19 50
Fax +49 (0)67 23/91 95 91
E-Mail: info@balthasar-ress.de
www.balthasar-ress.de
Öffnungszeiten Vinothek:
Mo.–Fr. 8–18 Uhr, Sa. 12–17 Uhr

Schamari-Mühle
Grund 65
D-65366 Geisenheim-Johannisberg
Tel. +49 (0)67 22/6 45 37
E-Mail: mail@schamari.de
www.schamari.de
Öffnungszeiten: Mo.–Fr. von 9–12 und 13–18 Uhr, nach telefonischer Vereinbarung und während der Öffnungszeiten des Gutsausschankes, der von Ende März bis November Fr. ab 17 Uhr, Sa. und So. ab 15 Uhr geöffnet ist

Weingut Michael Schön
Gutsausschank »Zum Schöne Michel«
Hauptstraße 80
D-65385 Rüdesheim-Aulhausen
Tel. +49 (0)67 22/32 01
Fax +49 (0)67 22/4 88 74
E-Mail: info@weingut-schoen.de
www.weingut-schoen.de
Öffnungszeiten Gutsausschank: Do.–Sa. ab 17 Uhr, So. ab 16 Uhr
Eine Entdeckung ist der Rotwein des Betriebes: üppig, nicht sehr holzbetont – eine absolute Offenbarung.

Sekthaus Solter
Zum Niederwald-Denkmal 2
D-65385 Rüdesheim
Tel. +49 (0)67 22/25 66
Fax +49 (0)67 22/91 04 02
E-Mail: info@sekthaus-solter.de
www.sekthaus-solter.de
Öffnungszeiten: Mo.–Fr. von 8–12 und 13–17 Uhr und nach Vereinbarung

Weingut Speicher-Schuth
Suttonstraße 23
D-65399 Kiedrich
Tel. +49 (0)61 23/8 14 21
Fax +49 (0)61 23/6 16 15
E-Mail:
info@weingut-speicher-schuth.de
www.weingut-speicher-schuth.de
Öffnungszeiten Gutsschänke: Mi. bis Sa. ab 15.30 Uhr

Weingut Thilo Strieth
Hauptstraße 43
D-65385 Rüdesheim-Aulhausen
Tel. +49 (0)67 22/46 46
Fax +49 (0)67 22/21 86
E-Mail: mail@weingut-strieth.de
www.weingut-strieth.de
Öffnungszeiten Gutsausschank: Mai bis September Do.–Fr. ab 17 Uhr, Sa. ab 15 Uhr, So. und an Feiertagen ab 12 Uhr.
Nur wenige Kilometer von Rüdesheim in einem schmucken Weiler mit dem Spitznamen »Auli« spürt man von dem ganzen Bohei an der Rheinpromenade nichts. Hier oben genießen die Einheimischen die Weine vom sympathischen Fred Strieth vom Weingut Thilo Strieth. Sein Credo: »Ich bin Verfechter des Traditionellen. Bei uns schmeckt der rote Höllenberg noch nach Höllenberg.« Nichts für die Light-Generation oder Trendtrinker ist auch der Spätburgunder aus dem Rüdesheimer Schlossberg: präzise Materie, satter Stoff, fruchtiger Kern, mineralische Substanz. Weine für Rheingau-Kenner, tolle, energiegeladene Blancs de Noirs, geschliffene, kernige, mineralische Rieslinge aus dem Rüdesheimer Berg: bodenständig, ehrlich, geradeaus!

Weingut Trenz
Schulstraße 1
D-65366 Geisenheim-Johannisberg
Tel. +49 (0)67 22/75 06 30
Fax +49 (0)67 22/7 50 63 10
E-Mail: info@weingut-trenz.de
www.weingut-trenz.de
Öffnungszeiten: Mo.–Fr. 8.30–12 und 13–17 Uhr, Sa. 10–15 Uhr
Michael Trenz hat seinen Betrieb beharrlich immer weiter nach vorne gebracht. Seine Weine verfügen über ein tolles Preis-Genuss-Verhältnis, was im Rheingau nicht immer eine Selbstverständlichkeit ist. Rieslinge von Johannisberger Lagen werden in klarer, mineralischer und fruchtbetonter Art ausgebaut. Substanzielle Rote, voll und samtig – bisweilen könnte der Barriqueeinsatz noch etwas dezenter sein.

HOTELS UND RESTAURANTS

ELTVILLE

Die Adler Wirtschaft
Hauptstraße 31
D-65347 Eltville-Hattenheim
Tel. +49 (0)67 23/79 82
Fax +49 (0)67 23/8 78 67
E-Mail:
adlerwirtschaft@franzkeller.de
www.franzkeller.de
Öffnungszeiten:
Mo., Fr. und Sa. 12–23 Uhr,
So. 13–23 Uhr, Di., Mi. und Do. Ruhetag
Die ultimative Dorfkneipe für Genießer, die genau dieses wollen: den authentischen, echten, tiefen Genuss ohne falsche Etepetete-Ästhetik, übersichtlich dekorierte Teller und überteuerte Flaschenpreise. Stattdessen: Großartige Weinkarte, großartige fleischliche Genüsse, allerbeste Produkte.
Preiskategorie: €€€

Gutsausschank im Baiken
Wiesweg 86
D-65343 Eltville
Tel. +49 (0)61 23/90 03 45
Fax +49 (0)61 23/90 07 78
E-Mail: info@baiken.de
www.baiken.de
Öffnungszeiten: Di.–Fr. ab 17 Uhr, Sa. ab 15 Uhr, So. und an Feiertagen ab 11 Uhr, Mo. Ruhetag
Einer der schönsten Plätze im Rheingau im Rüdesheimer Baiken steht unter neuer Leitung. Egbert Engelhardt hat das Zepter des Gutsausschankes im Baiken übernommen, und das Interieur leicht, die Speisekarte gründlich aufgepeppt.
Preiskategorie: €

Diefenhardt'sches Weingut
Gutsschänke
Hauptstraße 9–11
D-65344 Eltville-Martinsthal
Tel. +49 (0)61 23/7 14 90
Fax +49 (0)61 23/7 48 41
E-Mail: info@diefenhardt.de
www.diefenhardt.de
Öffnungszeiten: Di.–Sa. 17–23 Uhr, So. und Mo. Ruhetag
Tischreservierung: 9–11 Uhr und ab 16.30 Uhr
Tel. +49 (0)61 23/97 23 13.
Einer der schönsten Gutsausschänken im Rheingau. Hier stimmen Weinqualität und die der Speisen!
Preiskategorie: €€

Klosterschänke im Kloster Eberbach
Klosterschänke:
Tel. +49 (0)67 23/99 32 99
Gästehaus:
Tel. +49 (0)67 23/99 32 00
Fax +49 (0)67 23 /99 31 00
E-Mail: info@klostereberbach.com
www.klostereberbach.com
Öffnungszeiten der Klosterschänke: täglich 11.30–22 Uhr
Eines der beliebtesten Ausflugsziele im Rheingau, insbesondere Familien mit Kindern schätzen das großzügige Ambiente des Gutsausschankes. Im klösterlichen Garten genießt man quasi an der Wiege des Rheingauer Weinbaus feine Rieslinge zu bodenständigen Speisen.
Preiskategorie: €€

Weingut J. Koegler
Hof-Hotel Bechtermünz
Kirchgasse 5
D-65343 Eltville
Tel. +49 (0)61 23/24 37
Fax +49 (0)61 23/8 11 18
E-Mail: info@weingut-koegler.de
www.weingut-koegler.de
Öffnungszeiten: Mo.–Fr. 10–22 Uhr, Sa. und So. 12–22 Uhr und nach Vereinbarung
Immer bessere Weine, auch rote, finden sich im Angebot des im Eltviller Ortskern gelegenen Restaurants mit lauschigen Außenplätzen und einer Speisekarte zum Schwelgen. Eine Spezialität: der Grüner Veltliner. Ideal für Wochenendausflügler: das stilvoll modern eingerichtete Hotel (zehn Doppelzimmer) befindet sich in der ehemaligen Scheune des Hof Bechtermünz direkt neben dem Restaurant.
Preiskategorie: €€

Kronenschlösschen
Rheinallee
D-65347 Eltville-Hattenheim
Tel. +49 (0)67 23/6 40
Fax +49 (0)67 23/76 63
E-Mail:
info@kronenschloesschen.de
www.kronenschloesschen.de
Gastronomie auf höchstem Niveau in wunderschöner Atmosphäre.
Preiskategorie: €€€

Schloss Reinhartshausen
Restaurant Schloss Schänke
Hauptstraße 41
D-65346 Eltville-Erbach
Tel. +49 (0)61 23/79 33 80
Fax +49 (0)61 23/79 33 82
E-Mail: info.reinhartshausen@kempinski.com
www.reinhartshausen.de
Öffnungszeiten:
Mo.–Sa. 18–24 Uhr (Sommer ab 16 Uhr) Sa., So. 11–24 Uhr
Michael Balzer hat mit seiner Schloss Schänke ein kulinarisches Ziel im Rheingau geschaffen, das sowohl Besucher als auch Einheimische anzieht. Auf der Weinkarte finden sich Spitzenweine aus den Weinlagen Marcobrunn und Wisselbrunnen, aber auch Besonderheiten wie die Weine von der Marianneninsel.
Preiskategorie: €€

Weinhaus und Hotel Zum Krug
Hauptstraße 34
D-65347 Eltville-Hattenheim
Tel. +49 (0)67 23/9 96 80
Fax +49 (0)67 23/99 68 25
E-Mail: mail@hotel-zum-Krug.de
www.hotel-zum-Krug.de
Öffnungszeiten: Außer Mo., Sonntagabend und Dienstagmittag durchgehend geöffnet.
Eines der schönsten und besten Restaurants des Rheingaus. Neben den Klassikern wie Schnitzel und Sauerbraten spannt Johann Laufer Junior mit seiner neuen »Krug-Küche« einen weiten Bogen zwischen Asien und Rheingau. Das experimentelle »Menü Traditionell-Modern« mixt asiatische, mediterrane und regionale Esskultur zu neuer Synthese. Dazu gibt es eine famose Rheingauer Weinkarte! Lauschiges, empfehlenswertes Hotel.
Preiskategorie: €€

GEISENHEIM

Burg Schwarzenstein
Rosengasse 32
D-65366 Geisenheim-Johannisberg
Tel. +49 (0)67 22/9 95 00
Fax +49 (0)67 22/99 50 99
E-Mail:
info@burg-schwarzenstein.de
www.burg-schwarzenstein.de
Öffnungszeiten: Mi.–So. 12–14.30 und 18–22 Uhr, Mo. und Di. Ruhetag.
Herrliches Genussensemble mit dem vielleicht schönsten Blick auf den Rheingau. Das Gourmet-Restaurant bietet feinste kulinarische Genüsse, das angeschlossene Hotel zeitlose Eleganz.
Preiskategorie: €€€

Weinhof Gutsschänke Goldatzel
Hansenbergallee 1a
D-65366 Geisenheim-Johannisberg
Tel. +49 (0)67 22/5 05 37
Fax +49 (0)67 22/60 09
E-Mail: wein@goldatzel.de
www.goldatzel.de
Öffnungszeiten:
März bis Anfang November Mi.–Fr. ab 15 Uhr, Sa. und So. ab 14 Uhr, der Weinverkauf ist ganzjährig geöffnet, Mo. Ruhetag.
Toller Panoramablick von der traumhaften Terrasse auf das weite Rheintal. Die Rieslinge kommen immer besser in Form, die Speisen sind regional und lecker. Reservierung empfehlenswert!
Preiskategorie: €

Gutsausschank Weingut Hanka
Grund 41
D-65366 Geisenheim-Johannisberg
Tel. +49 (0)67 22/88 79
Fax +49 (0)67 22/7 54 30
E-Mail: weingut.hanka@t-online.de
Öffnungszeiten:
Januar bis Ende März und November täglich ab 16 Uhr, Mo. und Di. Ruhetag.
Urgemütlicher Gutsausschank mit bodenständiger Küche.
Preiskategorie: €

Gutsschänke Schloss Johannisberg
D-65366 Geisenheim-Johannisberg
Tel. +49 (0)67 22/9 60 90
Fax +49 (0)67 22/73 92
E-Mail:
restaurant@schloss-johannisberg.de
www.kurhaus-gastronomie.de
Öffnungszeiten:
täglich ab 11.30–23 Uhr
Einmal sollte man hier gewesen sein und die halbe Ente genossen haben, auf der Terrasse hoch über dem Rhein, wo die leckeren Weine von Schloss Johannisberg ausgeschenkt werden – direkt oberhalb der offiziell ältesten Riesling-Monokultur der Welt.
Preiskategorie: €€

Weingut Schumann-Nägler
Turmschänke
Nothgottesstraße 29
D-65366 Geisenheim
Tel. +49 (0)67 22/52 14
Fax +49 (0)67 22/52 46
E-Mail:
schumann-naegler@t-online.de
www.schumann-naegler.de
Öffnungszeiten Gutsausschank:
Mi.–Sa. ab 17 Uhr, So. und an Feiertagen ab 15 Uhr
Dieses Weingut gehört zu den aufstrebenden Betrieben, und von der Terrasse der Turmschänke genießt man einen sehr schönen Blick auf den Rheingau. Ein sehr gastliches Haus!
Preiskategorie: €

Trenz Gutsausschank
Schulstraße 1
D-65366 Geisenheim-Johannisberg
Tel. +49 (0)67 22/7 50 63 11
Fax +49 (0)67 22/7 50 63 12
E-Mail:
gutsausschank@weingut-trenz.de
www.weingut-trenz.de
Öffnungszeiten: Mo., Do., Fr. und Sa. ab 17 Uhr, So. und an Feiertagen ab 12 Uhr
Über den Gutsausschank Trenz redet die ganze Rheingauer Szene: Vielleicht der ansprechendste, modern gestaltete Gutsausschank im Rheingau.
Preiskategorie: €€

KIEDRICH

Weinschänke Schloss Groenesteyn
Oberstraße 36
D-65399 Kiedrich
Tel. +49 (0)61 23/15 33
www.weinschaenke-schlossgroenesteyn.de
Öffnungszeiten:
Mi.–Sa. ab 17.30 Uhr, So. und an Feiertagen 11.30–14 Uhr und ab 17.30 Uhr, Mo. und Di. Ruhetag
Kleine, feine Speisekarte, super Weinkarte, beste Produkte, sehr netter Service.
Preiskategorie: €€

OESTRICH-WINKEL

Gutsausschank Weingut Kühn
Mühlstraße 70
D-65375 Oestrich-Winkel
Tel. +49 (0)67 23/22 99
Fax +49 (0)67 23/8 77 88
E-Mail: info@WeingutPJKuehn.de
www.pjkuehn.de
Öffnungszeiten: Mai bis Oktober Sa. und So. 11–17 Uhr (kein Speisenangebot)
Zu diesem Gutsausschank von Biowinzer Peter Jakob Kühn verirren sich kaum Touristen. Stattdessen kehren hier Einheimische ein, trinken gepflegt Quarzit und Landgeflecht und radeln vergnügt in die Weinberge.
Preiskategorie: €

Weingut und Gästehaus Querbach
Lenchenstraße 19
D-65375 Oestrich-Winkel
Tel. +49 (0)67 23/38 87
Fax +49 (0)67 23/8 74 05
E-Mail: mail@Querbach.com
www.querbach.com
Öffnungszeiten: Mo.–Fr. 8–12 und 14–17.30 Uhr, Sa. 9–14 Uhr.
Das Gästehaus liegt inmitten der Oestricher Weinberge mit einem wunderschönen Blick auf Hallgarten und eignet sich als Ausgangspunkt für Weinbergswanderungen. In der angeschlossenen Vinothek kann man die Weine des Weinguts probieren.
Preiskategorie: €€

Gutsrestaurant Schloss Vollrads
D-65375 Oestrich-Winkel
Tel. +49 (0)67 23/52 70
Fax +49 (0)67 23/60 21 69 99
E-Mail: info@gutsrestaurant-schlossvollrads.de
www.schlossvollrads.de
Öffnungszeiten: April bis Oktober täglich 12–23 Uhr, täglich ab 14.30–17.30 Uhr
Kuchen aus eigener Patisserie.
Auf einem der ältesten Weingüter der Welt stimmt einfach alles: Ambiente, das authentische Essen aus besten Produkten und eine tolle Weinqualität.
Preiskategorie: €€

RÜDESHEIM

Weinhotel Breuer's Rüdesheimer Schloss
Steingasse 10
D-65385 Rüdesheim
Tel. +49 (0)67 22/9 05 00
Fax +49 (0)67 22/90 50 50
E-Mail: info@ruedesheimer-schloss.de
www.ruedesheimer-schloss.de
Das puristisch-feine Hotel im historischen Ambiente des Rüdesheimer Schlosses präsentiert die gekonnte Synthese aus modernem Ambiente, Wein, Kunst und Design.
Preiskategorie: €€

Rebenhaus
Am Niederwald 2
D-65385 Rüdesheim
Tel. +49 (0)67 22/4 83 58
Fax +49 (0)67 22/94 37 36
E-Mail: info@rebenhaus.com
www.rebenhaus.com
Öffnungszeiten:
März bis Ende Oktober täglich ab 10 Uhr, November und Dezember täglich ab 10 Uhr, Mi. Ruhetag, Januar geschlossen, Februar Sa. und So. ab 10 Uhr
Geniale Panorama-Lage unterhalb vom Niederwald-Denkmal. Hier kehren selbst die Winzer ein. Tolle Weinkarte, gepflegte Speisen, große Terrasse, sensationeller Blick in das Rheintal.
Preiskategorie: €€

Weingarten Weingut Thilo Strieth
Hauptstraße 43
D-65385 Rüdesheim
Tel. +49 (0)67 22/46 46
Fax +49 (0)67 22/21 86
E-Mail: mail@weingut-strieth.de
www.weingut-strieth.de
Öffnungszeiten: Mai bis September Do. und Fr. ab 17 Uhr, Sa. ab 15 Uhr, So. und an Feiertagen ab 12 Uhr
Einer der Geheimtipps bei Einheimischen. Der lauschige Weingarten, wo die genial-günstigen Rot- und Weißweine von Fred Strieth ausgeschenkt werden, bietet Rheingauer Lebenslust pur. Die Speisen schmecken und machen satt. Wer danach bleiben will, kann im angeschlossenen Hotel bequem übernachten.
Preiskategorie: €

WALLUF

Beckers Weingarten
Rheinstraße 6
D-65396 Walluf
Tel. +49 (0)61 23/7 25 23
Fax +49 (0)61 23/7 53 35
E-Mail: h.j.becker@justmail.de
Öffnungszeiten: April bis Oktober
Mo.–Fr. 17–24 Uhr, Sa. und So. 15–24 Uhr
Origineller Weintreff des Weinguts Beckers in der Gartenanlage vor ihrem Anwesen in Walluf. Unkompliziertes, kongeniales Prinzip der Selbstbedienung mit den starken Weinen des Rheingauer Lordsiegelbewahrers des Rieslings. Picknickkörbe mitbringen, Gevatter Rhein lauschen – herrlich lustvolles Rheingauer Savoir vivre!
Preiskategorie: €

Weingut Mehl
Haselnußgasse 6
D-65396 Walluf
Tel +49 (0)61 23/73 27
E-Mail: info@weingut-mehl.de
www.weingut-mehl.de
Öffnungszeiten: Oktober bis Mai
Di., Mi. und Sa. ab 16 Uhr, Do. und Fr. ab 17 Uhr, So. und Mo. Ruhetag
Mittlerweile wurde die Straußwirtschaft in eine Gutsschänke umgewandelt, und der gemütliche Keller ist nun acht Monate im Jahr geöffnet. Der Charme einer »echten Strauße« ging dabei nicht verloren.
Preiskategorie: €

Gasthaus Zur Schlupp
(Alte) Hauptstraße 25
D-65396 Walluf
Tel. +49 (0)61 23/7 26 38
E-Mail: info@gasthauszurschlupp.de
www.gasthauszurschlupp.de
Öffnungszeiten:
Do.–Mo. ab 17.30 Uhr,
So. 11.30–14.30 Uhr, Di. und Mi. Ruhetag
Der Rheingau ist ein Schlemmerparadies, und einer der Geheimtipps ist dieses kleine, urige Lokal in der malerischen Altstadt von Walluf, des »ältesten Weindorfes im Rheingau«. Beklemmende Rheinromantik ist hier ebenso fehl am Platz wie Butzenscheiben oder Eichenlaub. Stattdessen gradlinige, selbstbewusste regionale Küche mit Pfiff, ein reichhaltiges Menü zu wirklich günstigen Preisen, dazu formidable Weinkarte und auch viele offene Kreszenen. Ein sehr persönlich geführtes, charmantes Lokal.
Preiskategorie: €€

ÖSTLICHER RHEINGAU

Rheinwein-Paradox

Von Manfred Lüer

Zu Hochheim am Main, zu Würzburg an dem Stein, zu Bacharach am Rhein«, erstanden die Kaufleute entlang dem Rhein und Main im auslaufenden Mittelalter an der Schwelle zur Neuzeit die begehrten deutschen Weine, um sie von da aus über die Hansestädte und die Niederlande in alle Welt zu exportieren. Alle drei Orte können sich rühmen, über Jahrhunderte hinweg zum ausgezeichneten Ruf des deutschen Weins beigetragen zu haben – auch wenn die Menge der unter dem Ortsnamen firmierten Fässer wohl über die Kapazitäten der ortsansässigen Winzer hinausging.

Nun mag sich angesichts der aufregenden Steillagen von Würzburg und Bacharach die historische Bedeutung durchaus erschließen. Aber Hochheim? Fast flach und ziemlich unscheinbar ziehen sich die Weinberge von der Altstadt in Richtung Main. Gerade einmal 35 Meter beträgt die Höhendifferenz. Einen größeren Hafen sucht man hier ebenfalls vergeblich. Die lehmig-tonigen Böden sind zudem recht schwer und ähneln mehr denen von Rheinhessen. Und tatsächlich waren die wirtschaftlichen und kulturellen Bande zum kurfürstlichen Mainz während des gesamten Mittelalters bis in die Neuzeit eng geknüpft, und das Doppelrad des Mainzer Stadtwappens prangt noch heute über vielen Toreinfahrten der alten Gutshöfe. Das machte die Beziehung zum eigentlichen »Kernland« des Rheingaus zwischen Walluf und Rüdesheim nicht leicht. Die Wein-Enklave von Hochheim und Flörsheim-Wicker galt stets als adoptiert und stand nicht nur wegen ihrer engen Verbundenheit zu Rheinhessen über Jahrhunderte in einem merkwürdigen Spannungsverhältnis zum westlichen Rheingau. Denn in dem auf den ersten Blick so unscheinbar wirkenden Gebiet östlich von Wiesbaden wachsen außerordentlich feine Rieslinge, die als Rheinweine vom Main die besten Eigenschaften klassischer Rheingauer transzendieren: festes, fruchtbetontes Säurespiel, komplexe Mineralität, elegante Kraft und enorme Geschmackskonzentration bei aufrechtem Charakter. Vor allem können sie ganz ausgezeichnet reifen, mil-

ÖSTLICHER RHEINGAU

WEINANBAU   STÄDTE & DÖRFER

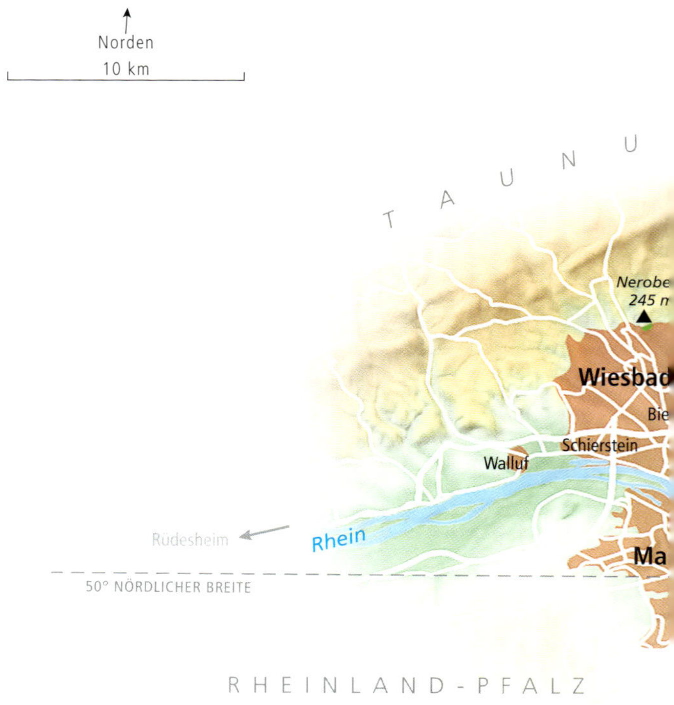

KARTENAUSSCHNITT

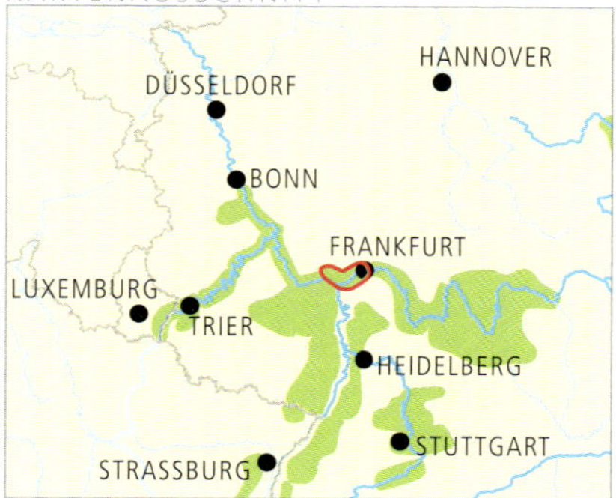

8,5° ÖSTL. LÄNGE
HESSEN
A3
A66
Frankfurt
Main
Hofheim
Breckenheim
Nordenstadt
Marxheim
Wallau
Diedenbergen
Hattersheim
Delkenheim
Massenheim
Flughafen
Frankfurt
Wicker
Hochheim
Flörsheim
Raunheim
Kostheim
Bischofs-
heim
Rüsselsheim
A67
Rhein
Darmstadt
HESSEN

dern ihre Fülle durch eine beachtliche Eleganz und brauchen sogar unbedingt Zeit zur Entfaltung. Zu jung getrunken, können sie streng, unnahbar und fast plump wirken; ein Grund, warum viele dieser Gewächse in der deutschen Weinkritik, die überwiegend in einem frühen Jungweinstadium die Messlatte anlegt, oft unterbewertet sind, wohingegen die Weine vor allem im angelsächsischen Raum nach wie vor Popularität genießen.

Die Reben wachsen in Hochheim auf tiefgründigen Böden – Voraussetzung für kraftvolle Weine.

Dabei profitieren die Reben in Hochheim von einem so warmen Kleinklima, wie es im Rheingau sonst wohl nur noch der Rüdesheimer Berg zu bieten hat. Der Reifevorsprung im Vergleich zu den übrigen Rheingauer Lagen beträgt laut Messungen Anfang August etwa fünf Grad Öchsle. Die hohe Reife ist ein echtes Faustpfand für hochwertige und körperreiche Weine! Zudem schützen die Höhenzüge vom Taunus vor rauen Luftströmungen und die ausgleichende Wirkung des Mains vor klirrenden Frösten. Vom Fluss hinauf zieht sich ein sanft ansteigender, südlich ausgerichteter Hügel mit den berühmten Lagen wie Domdechaney, Kirchenstück, Stielweg, Hölle und Königin Victoriaberg, die weder von Ost noch West beschattet sind und von der Lichtreflexion und dem Wärmespeicher des Mains profitieren.

> Die besten Hochheimer Rieslinge haben eine Spannung wie der legendäre Bogen des Odysseus, kurz bevor der Pfeil in einem Kunstschuss die zwölf Axt-Ösen durchschoss.
>
> Gunter Künstler, Weingut Franz Künstler, Hochheim

Die lehmig-tonigen, fruchtbaren und wasserhaltenden Böden sind tiefgründig und Garanten für sehr nachhaltige, substanzreiche Weine. Darunter liegt oft jedoch verwittertes Kalkgestein, das für eine unverkennbar mineralische Würze sorgt. Die Aromenfülle und das Ausdrucksspektrum dieser oft als »erdig« oder »rauchig« beschriebenen Weine ist legendär wie der vielkolportierte Besuch der Königin Victoria von England 1845. Dem gegenüber steht jedoch die Verramschung des Gebietes durch billig-klebrigen Markenwein. In den 1970er- und 1980er-Jahren war nicht nur die pappigsüße, belanglose Liebfrauenmilch in vielen Exportländern populär, die oft noch mit einer Deutschland-Fahne verziert war, sondern auch ein billiger »Hock« – vermutlich eine Verballhornung von Hochheim – der meist so schmeckte, als sei er tatsächlich auf Zuckerrübenfeldern gewachsen. Dabei galt der Hock Ende des 19. Jahrhunderts vor allem im angelsächsischen Raum als Inbegriff hochklassigen Rheinweins überhaupt und zählte zu den gefragtesten und teuersten Weinen der Welt. Doch wie um Rheinhessen wurde es dann eher still um Hochheim mitsamt dem benachbarten Flörsheim-Wicker, eine einst glorreiche Tradition ging – fast – verloren: Bis Mitte der 1980er-Jahre hier wie dort scheinbar wie aus dem Nichts eine Aufsehen erregende Dynamik einsetzte, vor allem den trockenen Riesling revolutionierte und an die einstige Glorie anknüpfte.

Die moderne Weingeschichte im einst so berühmten Hochheim begann aber schon 1945, als ein junger Sudetendeutscher im Strom der Fährnisse dieser Zeit von den Tschechen aus seinem geliebten Heimatland vertrieben wurde. Den damals 21-jährigen Franz Künstler verschlug es in das Nachkriegsdeutschland, wo er 1947/49 im württembergischen Weinsberg Weinbau studierte und schließlich 1951 als Gutsverwalter zu Domdechant Werner nach Hochheim kam. Weinbau hatte in der Familie Künstler eine lange Tradition. Bereits 1648 pflanzten die Künstlers ihre ersten Reben in Südmähren und kannten sich vor allem mit den Feinheiten des Ausbaus im Holzfass gut aus.

1965 gründete der weinbaulich versierte Emigrant schließlich sein eigenes Weingut Franz Künstler. Von Anfang an widerstand Franz Künstler den Versuchungen des Wirtschaftsbooms und der fortschreitenden Mechanisierung im Weinbau und setzte stattdessen auf Qualität und eigene Flaschenvermarktung. 1982 stieg Künstlers Sohn Gunter in den Betrieb ein. Damals brach sich der Vater den Arm und sein Filius musste die Lese und den Ausbau der Weine bewerkstelligen – natürlich unter der strengen Ägide des Vaters. Bis dato hatte Künstler jr. das Weinmachen mehr als den Beruf des Vaters angesehen. Doch kurz darauf bot sich die seltene Gelegenheit, einige der besten Hochheimer Parzellen zu erwerben. Gunter Künstler hatte durch den *work in progress* inzwischen das Weinmachen als schöpferische Ar-

Weingut Franz Künstler
Geheimrat-Hummel-Platz 1a
D-65234 Hochheim
Tel. +49 (0)61 46/8 38 60
Fax +49 (0)61 46/73 35
E-Mail: info@weingut-kuenstler.de
www.weingut-kuenstler.de
Öffnungszeiten: Mo.–Fr. 8–12 und 13–18 Uhr, Sa. 10–15 Uhr

Gott
Wilhelmsberg

beit schätzen gelernt und sagte zu, dass er nach seinem Studium das Weingut übernehmen werde – vorausgesetzt, die neuen Filetstücke wurden in das Betriebs-Portfolio eingegliedert.

Den weiteren, entscheidenden Anstoß gab 1988 ein zweimonatiger USA-Aufenthalt, bei dem den angehenden Winzer, der im gleichen Jahr die Weinbereitung im heimischen Weingut übernahm, die kräftigen, trockenen Weißweine aus Kalifornien ungemein beeindruckten. Eine weitere Inspirationsquelle waren die grandiosen Wachauer Smaragd-Weine, etwa vom Weingut Franz Hirtzberger. So etwas müsste doch auch bei uns zu Hause möglich sein, sagte sich der junge Künstler und reizte nach seiner Rückkehr die physiologische Reife der Beeren bis auf das Äußerste hinaus: Goldgelb und lockerbeerig hingen sie nun bis in den Spätherbst an den Stöcken und ergaben eine neue Dimension an Dichte und Geschmack. Eben genau dieses unermüdliche, penibel dem jeweiligen Reifeverlauf angepasste Ringen um Ausdruck, ja: Integrität, ist nicht nur die eigentliche Triebfeder der Weinkunst von Gunter Künstler, der ab 1992 den Betrieb verantwortete, sondern die des *künstlerischen* Schaffens generell. In diesem Sinn sind die besten Rieslinge durchaus Werke, auf deren Leinwand sich die geographisch auf engstem Raum geballten, aber charakterlich völlig unterschiedlichen Hochheimer Lagen kraftvoll und facettenreich ausdrücken können – und das, erstaunlicherweise, bereits bei den trockenen Kabinettweinen.

Nicht nur das Geschmacksprofil, sondern auch der ganze Wein-Charakter kann wie in Burgund oder auch im Rüdesheimer Berg auf wenigen Metern beträchtlich variieren. Eine Vergleichsprobe der besten Lagen eines guten Erzeugers wie Gunter Künstler liefert viel Zündstoff für das vielzitierte Modewort Terroir!

Die Weine aus der Spitzenlage Domdechaney, einem sanft geschwungenen Hang mit Mergelboden unterhalb der Hochheimer Kirche, sind bei Künstler aristokratisch, von fast schon schwerer Kraft und kräutrigen Aromen: voluminös, barock, exotisch und doch mit feinem, elegantem, nuanciertem Spiel. Die besten edelsüßen Rieslinge sind mit ihrer überbordenden Honigfrucht einfach unwiderstehlich! Unmittelbar benachbart ist das Kirchenstück, für Gunter Künstler eine Art »Hochheimer-Lafite«. Der Stil ist hier

*Links:
Die Weine östlich von Wiesbaden waren im deutschen Kaiserreich weltberühmt. Pioniere wie Gunter Künstler und Reiner Flick rekultivieren nun wieder diese Lagen.*

deutlich feiner, charmanter, eleganter, die klassische Aromatik oft geprägt von saftigen Aprikosen und weißen Weinbergspfirsichen, zart unterlegt von floralen und mineralischen Noten. Obwohl die Weine schon früh einen fast schmeichlerischen Charme entwickeln und die vielleicht zugänglichsten aus Hochheim sind, präsentieren sie sich auch nach Jahren noch exemplarisch fein nuanciert und geschmeidig. Unterhalb der Domdechaney liegt der Stielweg, eine durchaus unterschätzte Lage. Auch hier sorgen Lehm und Ton für Wucht, die Kraft wird bei dem trockenen Riesling Alte Reben aus 50-jährigen Reben von Künstler durch Eleganz und Rasse wettgemacht. Am deutlichsten zutage tritt die für Hochheimer typische, paradoxe Spannung zwischen konzentrierter Kraft und feinnerviger Eleganz jedoch in Künstlers Weinen aus der Hölle. Ursprünglich bezeichnete der Name nur ein schmales Band Reben am Main, dessen Grenzen nach der Flurbereinigung jedoch beträchtlich ausgeweitet wurden. Hier findet das Schaffen des Hochheimer Winzers zweifellos seinen Höhepunkt!

Die trockenen Spitzen-Rieslinge, die es auch als Goldkapsel-Version und ab dem Jahrgang 2005 als Erstes Gewächs gibt, ergeben mit ihren leuchtenden Facetten ein schillerndes Gesamtkunstwerk mit äußerst lebendigen, klar gegliederten Tönen. Dabei sollten die extrem schweren Tonböden, die ihre gespeicherte Energie langsam bis in den November hin abgeben, eigentlich für eine Wein-Statur ähnlich der eines Sumo-Ringers sorgen. Doch eigentümlicherweise – selbst Künstler weiß keine rechte Erklärung dafür – ist die in der Tat monumentale, barocke Kraft nicht nur äußerst präzise definiert, sondern wird durch ein fast moselanisch-heiteres, mineralisches Säurespiel fast schon konterkariert! Es ist, als wenn der brillante Darsteller im Glas quasi über sich selbst lächelte und sagte: Du begreifst es ja doch nicht! In seiner Anlage erinnert Künstlers Hölle an den Spiegelsaal des barocken, ausladenden Versailler Schlosses: Die Spiegel als Ausdruck der barocken Lust auf optische Täuschungen sollen den Raum größer wirken lassen. In der Hölle übernimmt die Säure diese Aufgabe, und das seidige, feste Spiel lässt die einzelnen Aromen und Komponenten noch größer, nachhaltiger und ausladend luftiger erscheinen. Den bodenständig-mineralischen Weinen eigen ist eine reichhaltige Aprikosenfrucht, die enorm dicht ist

Östlich von Wiesbaden findet sich die früheste Erwähnung des Rieslings weltweit aus dem Jahr 1435.

Der königliche Riesling

Die wenigsten Rieslingfans – und es gibt eine weltumspannende Fangemeinde für die nach quasi einhelliger Expertenmeinung edelste weiße Traubensorte – wissen, dass es einen 800 Quadratmeter großen Rieslingweinberg in Rüsselsheim am Main gibt. Rüsselsheim? Ist das nicht die Heimat von Opel? Das ist sie, aber auch der Ort, an dem die Rebsorte am 13. März 1435 zum ersten Mal erwähnt wird. Die Quelle, eine Rechnung, ist die erste einer Reihe solcher urkundlichen Erwähnungen von Rhein und Mosel aus dem 15. und 16. Jahrhundert.

Der Legende nach stammt der Riesling von einer Wildrebe aus den Rheinauen ab, doch das klingt eher wie eine Episode aus der Nibelungensage. Tatsächlich ist Riesling wie so viele andere bekannte und verbreitete Traubensorten eine natürliche Kreuzung, in deren Stammbaum der edle Traminer und der banale Heunisch stehen. Vom Traminer stammt die brillante Duftigkeit, vom Heunisch die ausgeprägte Säurefrische, aber auch die Wüchsigkeit und eine Tendenz zu großzügigen Erträgen. Bei sehr hoher Traubenreife, wie es durch die Klimaerwärmung seit der Jahrtausendwende häufiger der Fall ist, kann der Riesling als Wein wohl etwas Üppiges, Mildes besitzen, das an Traminer erinnert. Bei niedriger Traubenreife schlägt die ruppige, rustikale Heunisch-Seite seines Wesens zum Teil allzu heftig durch.

Die Rieslingrebe ist eine Sonnenwende (Heliotrop), die sich nach der Sonne sehnt, nachts aber gerne ordentlich frische Luft mag. Kühle Nächte ermöglichen die erfolgreiche Erzeugung von elegantem Riesling in recht heißen Klimazonen wie dem Elsass (wo der Sommer heißer als in Bordeaux ist!), sind aber gleichzeitig auch eines der Geheimnisse der feinduftigen Weine des deutschen Nordens. Theoretisch ist es die Referenzzone für Cool Climate Viticulture, Kühlklima-Weinbau, aber wer glaubt, es sei an Rhein und Mosel immer frisch, soll sich im Sommer mittags einmal zwischen die Reben einer Spitzenlage stellen – er wird feststellen, wie *hot* cool sein kann! Die geschmackliche Spannung des Rieslings entsteht aus diesem ausgeprägten Temperaturwechsel, und seine aromatischen Reize entfalten sich durch die lange, langsame Reifung der Traube am Stock. Riesling kann sehr mächtig ausfallen, wie in der Wachau, oder sehr schlank, wie an der mittleren Nahe, abhängig von den Wachstumsbedingungen. Den Wein prägen außerdem die kleinsten Unterschiede in der Bewirtschaftung der Weinberge, bei der Lese und Verarbeitung von Trauben, Most und Jungwein. Zusammen machen diese Faktoren die wahre Faszination dieser Rebsorte aus: die Vielfalt des Rieslings ist unendlich! Und noch besser, gute Rieslinge sind unendlich lange trinkbar.

Dass das Ansehen dieser Sorte weltweit steigt, gründet auf dieser Vielfalt, aber resultiert auch aus dem Aufschwung in den deutschsprachigen Weinanbaugebieten allgemein.

Und der Rüsselsheimer Wein? Er ist zart, rassig und feinduftig; ein klassischer Riesling!

Stuart Pigott

und das Rüstzeug hat, sich selbst bei trockenen Rieslingen über zehn, 15 Jahre zu verfeinern. Und das, laut Künstler, in der Manier eines »Hochheimer-Latour«!

»Wir haben uns immer hinterfragt«, sagt er, und diese im Rheingau keineswegs selbstverständliche Tugend bildet neben der akribischen Weinbergspflege und der schonenden Verarbeitung die Grundlage für das peu à peu gewachsene Grundvertrauen in die eigenen Weine. Berühmt wurde Künstler vor allem mit den trockenen Riesling-Auslesen aus der Hochheimer Hölle der Jahrgänge 1988, 1990, 1992 und 1993, und diese gehören in die Spitze des Rheingaus, ja: im ganzen deutschsprachigen Raum. Die Schwächeperiode in den Jahren um die Millenniumswende, die das Weingut nach dem Zukauf des Betriebes Geheimrat Aschrott'sche Gutsverwaltung durchlitt, scheint nun endgültig überwunden.

Bei Gunter Künstler geht das Weinmachen über das reine Handwerk hinaus. Der Blick des Künstlers verrät Sensibilität und Intuition.

Bei aller Riesling-Euphorie sollen die Leistungen bei den Burgundersorten jedoch keineswegs unterschlagen werden: Die im Stahltank ausgebauten Chardonnay von gesteinsreichen Kalkböden erinnern mit ihrer milden Säure, den Feuersteinnoten und der nur zartbuttrigen Cremigkeit an hochklassige Chablis – wie sie früher oft geschmeckt haben. Mit seinem profunden Geschmack kann solch ein Chardonnay von Künstler selbst nach zehn Jahren noch vital und jugendlich sein! Und die kirschfruchtigen Spätburgunder aus der Lage Reichestal, die mit ihren besonders fruchtbaren, aus Löss-Lehm und wasserhaltendem Ton bestehenden Böden in Flussnähe liegt, zeigen ebenfalls Kraft und burgundische Feinheit. Insbesondere der aus französischen Klonen gekelterte RR mit seiner reichen, tiefen Kirschfrucht und den markanten Noten von Unterholz und dunklen Beeren ist eine echte Sensation: Er trägt eine ganze Wagenladung künstlerischer Kraft, ohne zu fett oder zu breit zu wirken. Die Burgunder stehen in einer langen Hochheimer Tradition, denn um 1900 kostete ein Red Hock genauso viel wie ein Volnay aus dem Burgund.

Ironischerweise legte also nicht ein arrivierter Einheimischer, Burgherr oder Nachkomme eines alten Adelsgeschlechtes den Grundstein für die Re-Vitalisierung des berühmten Hock, sondern ein Flüchtling und der Sohn eines Vertriebenen. In einem tieferen Sinn spiegelt das auch die

Situation im übrigen Rheingau wider, wo eine neue bürgerliche Elite das Qualitätszepter in die Hand genommen und die renommierten, in letzter Zeit aber deutlich verbesserten Schloss-, Adels- und Staatsweingüter unter Druck gesetzt hat. Dies gilt auch für das weinhistorisch bedeutsame WEINGUT KÖNIGIN-VICTORIABERG. Dem pfiffigen Weingutsbesitzer G. M. Papstmann wurde 1850 vom englischen Hof die Gunst gewährt, seinen Weinberg nach der englischen Königin zu benennen, die fünf Jahre zuvor in Hochheim zu Gast gewesen war. Heute wird das Weingut von der Familie Hupfeld in Oestrich-Winkel im Rheingau verantwortet. Die durchweg zuverlässigen Rieslinge lassen aber doch etwas an Brillanz, Ausdruck und Strahlkraft vermissen. Scheint der Glanz vergangener Tage etwa verblasst?

Weingut Königin-Victoriaberg
Albansgasse 4
D-65375 Oestrich-Winkel
Tel. +49 (0)67 23/13 98
Fax +49 (0)67 23/8 84 23
E-Mail: weingut@koenigin-victoriaberg.de
www.koenigin-victoriaberg.de
Öffnungszeiten: nach Vereinbarung

Glücklicherweise ist in Hochheim aber die Situation weniger eng und pikant als westlich von Wiesbaden, wo man sich wegen der Dichte selbst von hochrangigen Gütern auf einem ziemlich überschaubaren Raum schnell gegenseitig über die Schultern schauen und beäugen kann. Ein traditionsreicher, renommierter Betrieb wie das WEINGUT DOMDECHANT WERNER – seit 1780 im Familienbesitz und heute unter der Ägide des rührigen Franz Werner Michel in der siebten Generation – lieferte 1951 mit einer Reihe von beeindruckenden Weinen sogar den Anlass, warum Franz Künstler damals von Weinsberg nach Hochheim kam. Bereits die weitläufige Anlage vis-à-vis von besten Hochheimer Lagen ist beeindruckend: Das stilvolle, bürgerliche Gutshaus ist ein Kulturdenkmal und scheint mit seiner luftigen Heiterkeit förmlich Geschichte zu atmen. »Riesling 100% pur« lautet das Credo, und obwohl über die Hälfte der Ernte in mehr als 20 Länder weltweit exportiert wird, umfasst das riesige Angebot eine ganze Palette an jungen und gereiften, durchaus beeindruckenden trockenen Weinen. Etwa die mineralisch-schlanke Spätlese trocken aus dem Kirchenstück, die mit ihrer präzisen Aprikosen- und Pfirsichfruchtigkeit quasi ein Klassiker des Hauses ist. Oder der Riesling Classic, der mit seiner saftigen Frucht-Säure-Textur und bei moderatem Alkoholgehalt herrlich süffig ist.

Weingut Domdechant Werner
Rathausstraße 30
D-65234 Hochheim
Tel. +49 (0)61 46/83 50 37
Fax +49 (0)61 46/83 50 38
E-Mail:
weingut@domdechantwerner.com
www.domdechantwerner.com
Öffnungszeiten: Mo.–Fr. 8–18 Uhr, Sa. 8–13 Uhr nach Vereinbarung

»Wir können hier bei unseren offenen, gut durchlüfteten Weinlagen recht lange hängen lassen«, sagt Franz Werner Michel, »reife Trauben haben eine ganz eigene Säure, wir

Östlichen Rheingau schmecken

HOCHHEIMER HÖLLE RIESLING KABINETT TROCKEN

Weingut Franz Künstler/Hochheim

Aus der Hölle kommen die spannungsreichsten Künstler-Rieslinge: voller, geschmeidiger Körper, aber eine feine, ziselierte, fast moselanisch anmutende Säure. Ein glockenheller Kabinett, feinste mineralische Adern durchziehen die köstliche, leicht ins Exotische changierende Frucht, die oft auch an Limetten erinnert.

CHARDONNAY QUALITÄTSWEIN TROCKEN

Weingut Franz Künstler/Hochheim

Ein ungewöhnlich straffer, vitaler Chardonnay mit prägnanten Feuersteinaromen, der an hochklassige Chablis erinnert. Dieser im Stahltank ausgebaute Wein zeigt zartbuttrige Cremigkeit, eine milde Säure und einen profunden Geschmack. In ihm sind die Aromen der hochreifen Beeren gespeichert. Er zeigt mustergültige Rasse, ein sehr vornehmer, stilvoller Auftritt von ungewöhnlicher Nachhaltigkeit.

WICKERER NONNBERG RIESLING TROCKEN ERSTES GEWÄCHS

Weingut Joachim Flick/Flörsheim-Wicker

Der Nonnenberg ist einer der großen Rheingauer in dieser Kategorie. Sehr puristisch, gradlinig, klar, aber auch mustergültig stoffig besticht er mit markanten, aufregenden Kräuteraromen und einer vor mineralischer Würze nur so strotzenden Urkraft: köstliche weiße Früchte, pikante Säure und Salzigkeit.

VINI ET VITA RIESLING Q. B. A. TROCKEN

Weingut Joachim Flick/Flörsheim-Wicker

Hier gibt es formidable Einstiegsqualität mit Noten nach zart geleehaft verdickter reifer Aprikose und Weinbergspfirsich. Blumig im Bukett, saftig am Gaumen, schwungvoll im Finale ist der Riesling genau das Richtige für die Tafelrunde unter Freunden oder auch solo!

RIESLING CLASSIC

Weingut Emmerich Himmel/Hochheim

Der neue Aufsteiger-Betrieb überzeugt auch in dieser oft wenig überzeugenden Kategorie. Ein süffiger Wein im besten Sinne: Präzise ausbalanciert in seinem saftigen Frucht-Säure-Spiel, die dezente Restsüße passt wunderbar zur schwungvollen Säure.

entsäuern quasi am Rebstock.« Gepuffert wird die leicht pikante Säure durch eine deutlich schmeckbare mineralische Würze, die vom teilweise mühsam zu bearbeitenden Kalkboden kommt.

Seine überzeugenden Ersten Gewächse aus der Domdechaney oder dem Kirchenstück keltert Michel nur, wenn der Jahrgang es wirklich hergibt. Dann aber haben diese Weine, was im Rheingau nicht immer selbstverständlich ist, ihren Namen auch verdient. »Es wird grundsätzlich nicht angereichert«, so Michel. Er kritisiert die Möglichkeit der Aufzuckerung und auch die seiner Ansicht nach zu stromlinienförmige Auffassung im Rheingau darüber, wie denn ein wahres »Erstes Gewächs« zu schmecken habe. Seine Ersten Gewächse schmecken jedenfalls klassisch-rassig, delikat, sind keineswegs klotzig und reifen gut – wenngleich nur einige Spitzenweine noch einmal so richtig aus sich herauskommen: etwa die finessenreiche, noch taufrische 1989er Auslese aus der Domdechaney, wo am Gaumen ein ganzer Reigen von exotischen und floralen Aromen tanzt! Trotz aller Begeisterung gab es leider in den letzten Jahren auch hin und wieder Schwankungen, und einzelne Weine gelangen eher solide statt aufregend. Allerdings legt ein so hervorragend gelungener Jahrgang wie 2003 mit der genialen Trockenbeerenauslese aus der Domdechaney als Glanzstück die Messlatte auch richtig hoch.

In krassem Gegensatz zum architektonisch exquisiten Ambiente von Domdechant Werner steht in einem Gewerbegebiet an einer Ausfallstraße das Betriebsgebäude und Wohnhaus von Annette und Emmerich Himmel vom Weingut Emmerich Himmel. Der sympathische, gradlinige Winzer kümmert sich auch um die Hochheimer Weinberge von Schloss Schönborn. 1984 wurde der elterliche landwirtschaftliche Gemischtbetrieb übernommen und seitdem peu à peu auf mittlerweile 5,5 Hektar Rebfläche erweitert und von Fasswein auf Flaschenvermarktung umgestellt. Der Familienname gab Anlass zu mehr oder minder naheliegenden Wortspielen wie »Dem Himmel ein Stück näher« oder »Himmlische Rieslinge aus dem Rheingau«. Spitzenlagen liegen vor allem in der Hölle und im Kirchenstück. Die weitgehend trocken ausgebauten Weine wirken insgesamt sehr sauber, reintönig, gehaltvoll und geschlossen – und changieren keineswegs irgendwo zwischen Himmel und Hölle. Die natürliche Frische und Finesse steht im Vordergrund, schonende Ver-

Weingut Emmerich Himmel
Holger-Crafoord-Straße 4
D-65329 Hochheim
Tel. +49 (0)61 46/65 90
Fax +49 (0)61 46/60 15 70
E-Mail: info@weingut-himmel.de
www.weingut-himmel.de
Öffnungszeiten: nach Vereinbarung, jeden ersten Sa. im Monat »Weintheke« 11–17 Uhr

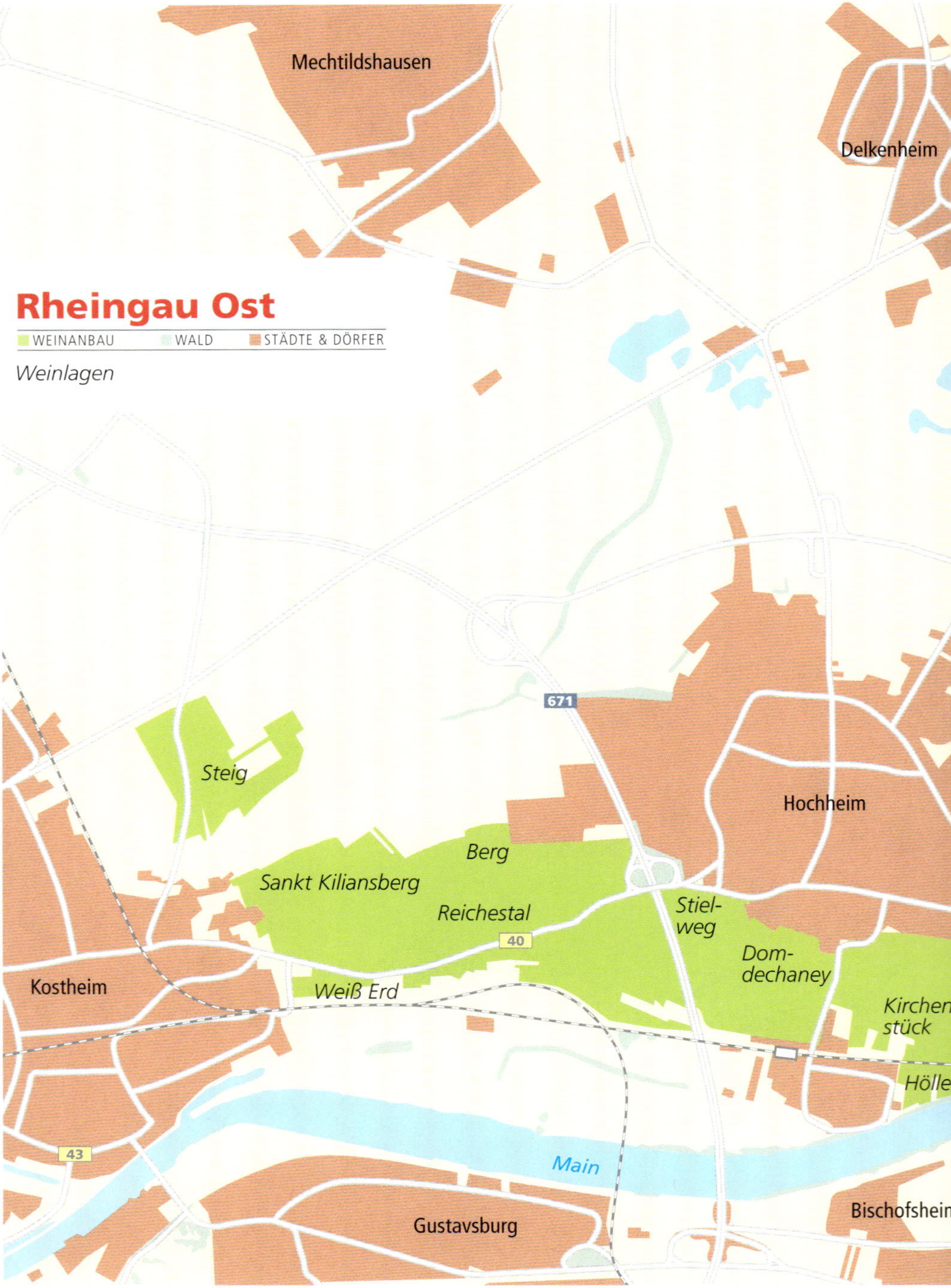
Rheingau Ost
WEINANBAU
WALD
STÄDTE & DÖRFER
Weinlagen
Mechtildshausen
Delkenheim
671
Steig
Berg
Sankt Kiliansberg
Reichestal
40
Stiel-
weg
Hochheim
Dom-
dechaney
Kirchen
stück
Kostheim
Weiß Erd
Hölle
43
Main
Gustavsburg
Bischofshein

A3
Massenheim
Schlossgarten
Gartenstadt
Norden
500 m
Mönchs-
gewann
Steinmühle
Wicker
40
Nonnberg
Stein
Herrnberg
FLÖRSHEIMER WARTE
Flörsheim
fmeister
Hölle
Königin
Victoriaberg
Stein
Herrnberg
Hölle
Falkenberg
Rüsselsheim

Eines der Qualitätsgeheimnisse für Spitzenrieslinge ist die späte selektive Handlese.

arbeitung im Edelstahltank und akribische Weinbergsarbeit lassen den Wert der Traube schmecken. Extrakt und Gehalt der durchaus kompakten, jugendlich oft noch verschlossenen Weine stimmen, und die preiswerten Alltagsweine sind von einem harmonischem Frucht-Säure-Spiel geprägt.

Exportiert wird in diesem familiär geführten Aufsteiger-Betrieb fast nichts. Hier kommt der Kunde auf das Gut, um die mit alternativen Verschlüssen versehenen filigran-fruchtigen Weine vor allem aus Riesling zu probieren. Wenngleich so mancher Tropfen vielleicht noch eine Spur zu vordergründig fruchtig schmeckt und am mineralischen Ausdruck noch weiter gefeilt werden könnte, so deutet sich hier eine neue, individuelle Linie an, deren Bogen bereits bei den trockenen Basisweinen beginnt und sich über den süffigen Classic-Riesling bis in die beeindruckenden Lagenweine zieht. Das trockene Spitzen-Gewächs aus einer neu erworbenen Filet-Parzelle aus dem Kirchenstück mit 40-jährigen Reben entfaltet etwa seine ganze virile Kraft erst im großen Burgunderglas – was insbesondere auch für das Erste Gewächs aus der Hölle gilt: Die ausgewogene Trauben-Materie bringt zarte, unwiderstehliche Düfte nach gelben Früchten hervor, die von einer feinen Vanille- und Gewürznote unterlegt sind. Sehr jugendlich, frisch, dicht gewoben und zart – trotz aller ausgewogenen Kraft! Getoppt werden die ersten Gewächse noch von einem besonderen Kaliber, der Riesling Auslese trocken Lumen Naturale aus dem Kirchenstück. Das ist nun einer der neuen Glanzpunkte in Hochheim und in vielerlei Hinsicht ein Paradox: Zum einen erinnert dieser puristische Riesling vom Main noch intensiver an klassische Rheingauer als so manche Weine vom Rheingau-Zentrum direkt vom Rhein, zum anderen zeigt sich eine innere Spannung durch die Einbindung scheinbarer Gegensätze. Der Lumen Naturale ist alles andere als ein Leichtgewicht, er ist konzentriert, substanzreich – und kommt bei aller Cremigkeit dennoch auf ganz leichten Füßen daher. Vor allem aber schmeckt er in einem anderen Sinne köstlich fruchtig, weil er den Wert der Beere betont. Und eine richtig gute Weinbergsbeere schmeckt nun einmal anders als die großen Tafeltrauben. »Die wenigsten probieren Weintrauben«, sagt Annette Himmel und verweist auf den natürlichen Glanz des spontan vergorenen Weins, auf den schon der Name des Weins verweist: Lumen Naturale kommt aus dem Lateinischen und bedeutet »Natürliches Licht«, durchaus auch im Sinne der Vernunft bzw. der natürlichen Erkenntnis. Und Vernunft beim Weinmachen am Standort Hochheim bedeutet durchaus auch, sich am historischen Konzept des möglichst reinen Naturweins zu orientieren, wobei Annette und Emmerich Himmel bei dem Experiment »Lumen« auf jegliche Eingriffe in die Weiterentwicklung der per Hand verlesenen, gesunden, reifen und manuell abgebeerten Trauben verzichten. Lediglich vor der Füllung wurde der in traditioneller Maischegärung vinifizierte Wein EK-filtriert und geschwefelt. Im Jahrgang 2007 wurde dieses erstmals 2006 umgesetzte pure Rezept noch weiterentwickelt: Der Wein ist geprägt von der sehr schonenden, langen Kelterung und Maischestandzeit und den über Wochen zugegebenen handverlesenen Rieslingbeeren, die die spontane Vergärung mit enormer, differenzierter Aromenausbeute begünstigte. Und genau das ist vielleicht auch der Charakter dieses Weins: eben jener betonter Wert der auf den Punkt gereiften, goldgelben Beeren mit niedrigem Ertrag, die differenziert, komplex, saftig, feinwürzig und nachhaltig schmeckt. Die Süße ist ausgewogen zur Säure, die reif und erfrischend ist. Die Aromatik hat nichts von aufgesetztem Aprikosengelee oder Dosenpfirsich, sondern kommt erst langsam, aber dann sicher auf den Punkt. Dafür benötigt man Zeit und Ruhe, und genau dazu fordert dieser Wein auf, der mit seiner cremig eingehüllten Mineralität so frappierend an den visionären Biowinzer Peter-Jakob Kühn aus Oestrich-Winkel erinnert (siehe Seite 26). »Die Gesamtheit der Traube steht bei diesem aromenreichen und komplexen Wein im Vordergrund«, sagt Annette Himmel. Hier empfiehlt sich stundenlanges Belüften, um die nackten Tatsachen des Rieslings freizulegen.

Überhaupt profitieren die klaren, zartwürzigen Rieslinge und weißen Burgunder, die oft einen dezenten rauchig-mineralischen Ton haben, von der Luftzufuhr und entwickeln dann noch deutlich mehr Spiel. Ab dem Jahrgang 1996 hat Himmel auch »so richtig mit dem Rotwein angefangen«. Dieser Spätburgunder ist auch nach zehn Jahren noch geprägt von geschmeidigen Tanninen und feiner, dichter Kirsch- und Cassisfrucht. Die klassisch im großen Holzfass oder in der Barrique ausgebauten Spätburgunder aus dem Hochheimer Stein gehören mit ihrem festen, dichten Tan-

Barrique
Kleines, meistens 225-228 Liter fassendes Eichenholzfass. Das ursprünglich für Bordeaux kreierte Fass wird heute in praktisch allen weinbautreibenden Ländern benutzt und oftmals auch gefertigt. Im Sprachgebrauch hat sich die Barrique längst strengen Definitionskriterien entzogen. Gemeint ist immer ein kleines Eichenfass.

nin und der samtigen Würze zweifellos zu den veritablen Rotwein-Geheimtipps im Rheingau!

Nur wenige Kilometer entfernt von Hochheim liegt Wicker, ein Stadtteil von Flörsheim. Durch einen Sandsteinbogen tritt man durch das Wickerer Weintor ein in eine sanft gewellte Hügellandschaft, von deren Kämmen die südlich ausgerichteten Weinberge mit ihren typischen lehmig-tonigen Böden abfallen. Bei klarem Wetter spiegelt sich das Sonnenlicht in der kerzengerade erhobenen Skyline von Frankfurt, dessen Wolkenkratzer wie erhobene Zeigefinger auf das immer weiter himmelwärts strebende Geschäftsziel hinzuweisen scheinen. Eine wahrhaft seltsame Kulisse für berühmte Lagen wie das Mönchsgewann oder den Nonnberg, die größtenteils für das Erste Gewächs klassifiziert sind!

Auch hier florierte über Jahrhunderte hinweg die Weinwirtschaft unter der Ägide der Mainzer Herren, und noch Ende des 19. Jahrhunderts standen in der Umgebung wesentlich mehr Flächen unter Reben: etwa in den angrenzenden Gemeinden von Massenheim, Delkenheim, Marxheim, Biebrich, Schierstein, Nordenstadt, Wallau und Diedenbergen. Viele dieser Gründe wurden in Bauland, Gewerbe- oder Ackerflächen umgewandelt, und niemand käme heute wohl auf die Idee, dass in diesen Arealen mitten im Rhein-Main-Ballungsraum einst wohl auch der berühmte Hock produziert wurde. Dabei haben nicht nur die direkt an die Hochheimer Gemarkung angrenzenden Weinberge von Kostheim ein hohes natürliches Potenzial, und Künstler hat in der Lage Weiße Erd, im Volksmund Heiße Erd genannt, neue Rebanlagen gepflanzt. Ein großes Renommee besaßen auch die Weine von Wicker. Sie standen zwar etwas im Schatten der berühmten, schon in alten französischen Quellen als Grand-Cru-Classé-Lagen eingestuften Weinberge von Hochheim, nahmen aber mit denen des Neroberges in Wiesbaden gleich den zweiten Rang ein. Und erstaunlicherweise machte sich ein noch junger Winzer quasi im Alleingang daran, diese alte Weinkultur zu revitalisieren.

Weingut Joachim Flick
Straßenmühle
D-65439 Flörsheim-Wicker
Tel. +49 (0)61 45/76 86
Fax +49 (0)61 45/5 43 93
E-Mail: info@flick-wein.de
www.flick-wein.de
Öffnungszeiten Hofladen: Mo.–Fr. 15–19 Uhr, Sa. 10–14 Uhr

Reiner Flick vom Weingut Joachim Flick in Wicker kaufte 1994 die Straßenmühle, »früher eine Art LPG-Gelände«, und brachte sie durch beträchtliche Investitionen und körperlichen Einsatz auf Vordermann. Heute hat sie sich zu einem wunderschönen Ensemble entwickelt, das

Große Weine sind die Früchte von harter Arbeit. Reiner Flick hat sich den Erfolg von der Pike auf erkämpfen müssen.

auch für Veranstaltungen genutzt wird. Gleichfalls machte sich der engagierte Winzer mit dem Faible für trockene, extraktreiche Rieslinge daran, die Lagengeschichte zu entrümpeln, und setzte vor allem auf das Wickerer Mönchsgewann und den bereits 1281 urkundlich erwähnten Wickerer Nonnberg, wo er die ganzen 2,7 Hektar erwerben konnte – lange Zeit in Vergessen geratene Spitzenlagen, die aber das Potenzial für ausdrucksstarke, individuelle Tropfen haben.

»Der Rheingau hat das Pech gehabt, dass es ihm zu gut ging«, sagt Flick und spielt darauf an, dass er sich hier draußen durch harte Arbeit und rigoroses Qualitätsstreben die Grundlagen für seinen Erfolg mühsam erkämpfen musste – und erkämpft hat. Reiner Flick baute den väterlichen Betrieb in rund 20 Jahren auf gut 14 Hektar Rebfläche aus, und modische kellerwirtschaftliche Rezepte oder überhöhte Preise findet man bei ihm nicht. Hier schmeckt bereits der Literwein! Und der saftige, animierende, trockene Vini et

Vita ist ein echter Knüller: mit Aromen von frisch aufgeschnittenen Zitrusfrüchten und weißen Blumen, elegant im Säurespiel und nachhaltig mit feiner, mineralischer Würze. Mit seiner wunderbar verspielten Art trinkt er sich bestens. Und er besitzt auch die Festigkeit, um sich über einige Jahre noch zu verfeinern, und schmeckt dann frischer als so manches, um ein Mehrfaches teureres Erstes Gewächs.

Im östlichen Rheingau werden auch Edelsüße von erstem Rang gekeltert.

In dieser Kategorie hat Reiner Flick aber noch einiges mehr zu bieten! Seine Weine schmecken insgesamt etwas rassiger, feinnerviger und im besten Sinne schlanker und auch noch gradliniger als die Pendants aus Hochheim. Der sehr klare, kraftvolle Charta-Riesling, der feinnervige, trockene Kabinett aus dem Wickerer Stein von über 35-jährigen Reben sowie der Qualitätswein aus dem Nonnberg sind bereits eindrucksvoll und zeigen feine Traubigkeit, Substanz und geschliffene Nachhaltigkeit, ohne aber glatt oder vordergründig zu sein. Hier zeigt sich, wie in den beiden trockenen Spätlesen auch der Hochheimer Hölle und dem Wickerer Mönchsgewann bereits eine energiegeladene Charakterstärke und Freiheit die reine Trinkfreude spendet.

Noch viel dichter, markanter und weiniger sind jedoch die beiden Ersten Gewächse mit ihrer herrlich reintönigen Frucht und dem mineralischen Ausdruck. Während die Weine aus dem Mönchsgewann eher durch Aromen von kandierten Zitrusfrüchten, Limettenschale, rosa Grapefruit und Baby-Ananas geprägt sind, besitzt der puristische Nonnberg mit seinen bereits 1962–1968 gepflanzten Reben markante, aufregende Kräuteraromen und eine vor mineralischer Würze nur so strotzende Urkraft. Das ist mit seiner Stahligkeit und seinem festen, aufrechten Charakter nun wahrlich einer der großen Rheingauer! Ein Schluck davon ist wie das Schlecken am Stein. Am Gaumen entfaltet sich eine pikante Salzigkeit, die eben gerade nicht durch klotzigen Alkohol, Überreife oder kuschelige Restsüße kaschiert wird. Die natürliche Ausstrahlung dieser Weine ist die Frucht der Mühe, die sich der ambitionierte Winzer gemacht hat. Im ersten Jahrgang des Ersten Gewächses aus dem Nonnberg 2004 lagen die Erträge etwa bei extrem niedrigen 21 Hektoliter pro Hektar, und dieses große Entwicklungspotenzial eines klassischen Rheingauer Rieslings schmeckt man durch und durch! Allerdings benötigt gerade der mineralisch-würzige Nonnberg mindestens ein Jahr Zeit auf der Flasche, um seine Schätze freizugeben. Frische ist auch der Ausweis der guten und edelsüßen Rieslinge von Reiner Flick. Die Nonnberg-Auslese schmeckt so, als wäre die Beere in der Nähe eines hochalpinen Gletschers gewachsen, während das Pendant aus dem Mönchsgewann für den heiteren Rheingau-Charakter steht, dessen originelle Charakterstärke verblüfft. Ebenso in der Frischespur sind die Eisweine, die jeglichen vordergründigen Süßwein-Bombast als unnötigen Ballast entlarven. Aus purer, frühmorgens gelesener Trauben-Materie wird hier in Flörsheim rasante Wein-Energie, die keinen übertriebenen Eisbonbon-Geschmack braucht! Das alles sind Belege dafür, wie wichtig die richtige Geisteshaltung, das Selbstbewusstsein und das Können des Winzers sind – und wie hoch das natürliche Potenzial in Flörsheim-Wicker mitten im Rhein-Main-Ballungsraum ist! Manche Weine schmecken hier fast noch mehr wie klassische Rheingauer als weiter westlich von Wiesbaden im historischen Kerngebiet des Rheingaus.

Eiswein
Edelsüßer Wein, der aus dem hochkonzentrierten Most von Trauben gewonnen wird, die in natürlich gefrorenem Zustand gekeltert werden.

Obwohl der Rheingau westlich von Wiesbaden als vielbeschworene »Wiege des Rieslings« gilt, wurde der Riesling 1435 doch erstmals in Rüsselsheim schriftlich erwähnt, das heute auf der linken Mainseite liegt. Der Rüsselsheimer Gutsverwalter des Grafen von Katzenelnbogen notierte damals den Kauf von Riesling-Pflanzen. Man hat viel darüber spekuliert, ob die Reben wirklich für die Weinberge Hochheims bestimmt waren, doch übersehen wurde dabei der damalige Flussverlauf. Denn damals mäanderte der Main noch in einer großen Kurve südlich von Rüsselsheim, worauf Franz Werner Michel vom Weingut Domdechant Werner zu Recht hinweist. Auf einer detailgenauen Lagenkarte vom Ende des 19. Jahrhunderts zeigt der Hochheimer Winzer die jahrhundertealte Flurbezeichnung »Im Rüsselsheimer«, die in etwa auf Höhe der heutigen Lage Königin Victoriaberg relativ nah über dem heute begradigten Mainufer liegt. Inzwischen ist dieses alte Gewann in die Lage Hochheimer Hölle eingegangen. Das würde die These untermauern, dass der damals durchaus schon gängige Riesling tatsächlich für einen Weinberg in der Hochheimer Gemarkung bestimmt war – und das paradoxe Spannungsverhältnis zwischen dem als adoptiert geltenden Hochheim am Main und dem Rheingau zwischen Walluf und Rüdesheim als dem *eigentlichen* Rieslings-Urstromland am Rhein wäre um eine Facette reicher.

Östlicher Rheingau in Zahlen

Rebsorte	**1981**	**2005**	**Trend**
Gesamtrebfläche	373 ha	435 ha	⇧
Weiße Rebsorten insgesamt	96,27 % = 359 ha	81,61 % = 355 ha	⇩
Riesling	76,68 % = 286 ha	73,8 % = 321 ha	⬂
Müller-Thurgau	7,51 % = 28 ha	2,76 % = 12 ha	⇩⇩
Grauer Burgunder	k. A.	0,92 % = 4 ha	⇧
Silvaner	4,02 % = 15 ha	0,23 % = 1 ha	⇩⇩
Ehrenfelser	2,95 % = 11 ha	0,46 % = 2 ha	⇩⇩
Weißburgunder	k. A.	1,38 % = 6 ha	⇧
Sonstige	7,78 % = 29 ha	1,38 % = 6 ha	⇩⇩
Rote Rebsorten insgesamt	3,76 % = 14 ha	18,4 % = 80 ha	⇧⇧
Dunkelfelder	k. A.	0,69 % = 3 ha	⬀
Blauer Spätburgunder	1,61 % = 6 ha	14,02 % = 61 ha	⇧⇧
Dornfelder	k. A.	1,61 % = 7 ha	⇧
Portugieser	k. A.	0,46 % = 2 ha	⬀
Sonstige	2,14 % = 8 ha	1,61 % = 7 ha	⬂

Quelle: Regierungspräsidium Darmstadt, Dezernat Weinbauamt Eltville

Diese Statistik umfasst den Bereich des Rheingaus ab Wiesbaden und weiter östlich, der auch oberer Rheingau genannt wird. Der geographisch gängige Begriff des Maingaus hingegen bezeichnet nur den Rheingauabschnitt östlich von Wiesbaden, schließt also die Landeshauptstadt und die Vororte nicht ein. Um 1900 war vor allem der sogenannte Hochheimer berühmt und wurde teils gar teurer gehandelt als beste Crus classés aus Bordeaux und Grands Crus aus dem Burgund.

Besonderen Dank gebührt der detailgenauen Recherche von Christoph Presser vom Weinbauamt in Eltville.

WEITERE EMPFOHLENE WEINGÜTER

Winzergenossenschaft Frauenstein eG
Grorother Hof
Quellbornstraße 99
D-65201 Wiesbaden-Frauenstein
Tel. +49 (0)6 11/42 98 23
Fax +49 (0)6 11/4 28 04 90
E-Mail: info@wg-frauenstein.de
www.wg-frauenstein.de
Öffnungszeiten:
April bis Oktober Di., Mi. und Fr. 15–18 Uhr, November bis März 15–17 Uhr, Sa. 10–13 Uhr und nach Vereinbarung

HOTELS UND RESTAURANTS

FLÖRSHEIM

Restaurant La Fayence
Hauptstraße 36
D-65439 Flörsheim
Tel. +49 (0)61 45/54 87 77
Fax +49 (0)61 45/54 87 79
E-Mail: info@michael-beck.de
www.michael-beck.de
Öffnungszeiten:
Mi., Do., Fr. und So. 12–15 und 18–22 Uhr, Mo. und Di. Ruhetag
Michael Beck präsentiert in seinem Restaurant kreative Gourmet-Küche und die Flösheimer Warte inmitten der Weinberge bietet einen herrlichen Panoramablick.
Preiskategorie: €

HOCHHEIM

Weingut Dienst
Dorotheenhof
Am Weiher 49
D-65239 Hochheim
Tel. +49 (0)61 46/37 22
Fax +49 (0)61 46/39 52
E-Mail: info@weingut-dienst.de
www.weingut-dienst.de
Öffnungszeiten Gutsausschank:
Februar bis Juni und September bis November Mi.–Sa. ab 17 Uhr, So. und an Feiertagen ab 16 Uhr.
Der Dorotheenhof ist ein Geheimtipp für Rieslingfreunde und überzeugt durch immer bessere Weine.
Preiskategorie: €

Hochheimer Rieslingstuben
Wintergasse 9
D-65239 Hochheim
Tel. +49 (0)61 46/8 33 10
Öffnungszeiten: Mo. bis Sa. 18–23 Uhr, So. und an Feiertagen Ruhetag.
Tolle Elsässer und Rheingauer Weine, bodenständige Küche mit frankophilen Einflüssen.
Preiskategorie: €€

WIESBADEN

Weinstube der Familie Höhn
Im Kirschfeld
Freudenbergstraße 200
D-65201 Wiesbaden
Tel. +49 (0)6 11/7 16 87 89
Fax +49 (0)6 11/7 24 28 17
E-Mail: info@im-kirschfeld.de
www.im-kirschfeld.de
Öffnungszeiten: Mi.–Sa., So. und an Feiertagen 16–24 Uhr
Reintönige, süffige Weine in Wiesbaden-Dotzheim zu feinen Speisen.
Preiskategorie: €

Domäne Mechtildshausen
D-65205 Wiesbaden
Tel. +49 (0)6 11/7 37 40
Fax +49 (0)6 11/73 74 47
E-Mail: wjwgmbh@t-online.de
Öffnungszeiten Hofladen: Di.–Fr. 9–19 Uhr, Sa. 8–15 Uhr,
Restaurant: Di.–Sa. mittags und abends, So. nur mittags
Das Gourmetrestaurant in der Domäne Mechtildshausen, einem riesigen, modernen Biohof, besitzt eine der spannendsten Weinkarten Deutschlands – viele Weine offen, rare Bouteillen, extrem günstige Preise – dazu die beste deutsch-französische Küche.
Preiskategorie: €€

Weinhaus Sinz
Herrnbergstraße 17–19
D-65201 Wiesbaden-Frauenstein
Tel. +49 (0)6 11/94 28 90
Fax +49 (0)6 11/9 42 89 40
E-Mail: weinhaussinz@t-online.de
www.weinhaus-sinz.de
Öffnungszeiten:
Di.–Sa. 11.30–24 Uhr,
So. 11.30–15 Uhr, Mo. Ruhetag
Bodenständige, leckere Küche ohne zuviel Chi-chi in urigem Ambiente.
Preiskategorie: €€

MITTELRHEINTAL

Der deutsche Grand Canyon

Von Manfred Lüer

Wenn es so etwas wie eine deutsche Seele gibt, muss sie wohl hier ihren Sitz haben: am spektakulär schönen Mittelrhein. In dieser knorzigen, gemütlichen, engen Welt befindet sich die authentische Rhein-Klassik: steile Hänge, ein windungsreicher Strom, viel besungene Felsen und Burgen, malerische Winzerdörfer, deren Häuser wie an einer Perlenkette aufgereiht sind, und Probierstuben mit Eichenlaubcharme und Butzenscheiben.

Maler wie William Turner entwarfen ein romantisch überhöhtes Bild der Landschaft, und für Heinrich von Kleist war es »der schönste Landstrich von Deutschland, an welchem unser großer Gärtner sichtbar *con amore* gearbeitet hat«. 1800 dachte sich Clemens von Brentano die Sage von der Loreley aus, und die später durch Friedrich Silcher vertonten Verse von Heinrich Heine aus dem Jahr 1823 machten die »schönste Jungfrau« auf dem 132 Meter hohen Felsen von Goarshausen weltberühmt. Historisches und Historisierendes sind unzertrennlich im Mittelrheintal, das wegen seines beeindruckenden Charakters wie kaum eine zweite Landschaft als Projektionsfläche für Empfindungen und Empfindsamkeiten taugte.

Doch manchmal verstellt dieses verklärte Bild den offenen Blick auf die eigentlichen Möglichkeiten des Weinbaus, und in der Kulturlandschaft Oberes Mittelrheintal zwischen Rüdesheim/Bingen und Koblenz, dem weinbaulich relevantesten Teilstück, ist das Tal der Loreley mitunter zum Klischee erstarrt und – wie das gesamte Anbaugebiet – schleichend fast verödet. Standen anno 1908 noch insgesamt 2519 Hektar unter Reben, so waren es 2005 nur noch 445 Hektar Rebfläche auf einer Länge von 120 Kilometern bis hoch ins Siebengebirge vor Bonn! Und so ist der lang gezogene Mittelrhein erst während der letzten Jahrzehnte eines der kleinsten Weinanbaugebiete des deutschsprachigen Raums geworden.

Der Hauptfaktor für den Rebflächen-Verfall ist der außergewöhnlich hohe Anteil an aufwendig zu bewirtschaftenden Steillagen mit über 30 Prozent Hangneigung

*Links:
Gerettete traditionelle Terrassenlage: Im Bopparder Hamm Engelstein hat die Familie Weingart einen Hektar Rebfläche rekultiviert, darunter auch Riesling in Einzelpfahlerziehung.*

TOURISTIKGEMEINSCHAFT
LORELEY-BURGENSTRAßE E.V.
Bahnhofstraße 8
D-56346 Sankt Goarshausen
Tel. +49 (0)67 71/9 10–0
Fax +49 (0)67 71/9 10 15
E-Mail: info@loreley-touristik.de
www.loreley-touristik.de

MITTELRHEINTAL

WEINANBAU STÄDTE & DÖRFER

Unsere Top Ten

KARTENAUSSCHNITT

9 Weinform Burg Rheinfels
www.burg-rheinfels.com

10 Burg Sooneck
www.burgen-rlp.de

Weinlese im Bopparder Hang. Hier wächst lustvolle Rieslingrasse.

Feinherb
Analytisch nicht definierte Geschmacksbezeichnung für halbtrocken und herb schmeckende Weine in Deutschland. Wird von manchen Winzern aber auch zusätzlich verwendet, um mit einer weiteren Feinabstimmung noch mehr Verwirrung zu stiften.

und Steilstlagen, wo ein Gefälle von mehr als 50 Prozent herrscht. Die gestiegenen Lohnkosten und eine zu lasche Qualitätspolitik sind wesentliche Faktoren für die gegenwärtige Krise am Mittelrhein. Zudem fehlen wegweisende Betriebe im Gebiet, und es herrscht ein Sammelsurium an verschiedenen Weinstilen. Hinzu kommt, dass manche deutsche Sektgroßkellereien weniger säurebetonte Rieslinge als noch vor einigen Jahren benötigen. Doch die Talsohle scheint erreicht. Der Strukturwandel ist weitgehend abgeschlossen, und auch der Generationswechsel vielerorts eingeläutet. Vor allem gelingt es einigen Winzern immer besser, das natürliche Potenzial der steinigen, steilen Weinberge auszuschöpfen – wenngleich sie größtenteils längst noch nicht die angemessenen Preise erzielen, die im rechten Maß zum Aufwand in diesen extremen Lagen stehen.

Denn obwohl das Gebiet, etwa bei Boppard, noch immer viel zu stark vom Billigtourismus abhängt und zeitgenössische Mittelrhein-Romantik oft noch viel zu sehr nach Bratenfett, Fritten, Tütensauce und Schnitzel aus Industriefertigung schmeckt: Ein typischer Mittelrhein-Riesling ist charaktervoll, herzhaft, kernig und vereint südliche Fülle und nördliche Eleganz – eine oft überaus reizvolle Liaison zwischen betörender Pfirsich- und Aprikosenfruchtigkeit, mitunter auch exotischen Noten wie Mango und Maracuja nebst einem Hauch von knackigem, grünem Apfel. Dabei wirken die besten Weine nie fett, überladen oder gar opulent, sondern in ihrem Zusammenspiel von Säure und Mineralität belebend und erfrischend-fein. Eine Paradedisziplin ist der ungemein reizvolle halbtrockene oder feinherbe Riesling.

> Die wildromantische Landschaft des Mittelrheins sollte man im Wein schmecken können.
>
> Vivi Hasse und Lars Dalgaard, Villa Riesling, Manubach

Aber der Mittelrhein verfügt auch über ein ausgesprochenes Potenzial für einen langlebigen und durchgegorenen Riesling. Exemplarisch zeigen dies die in den 1980er-Jahren im Holzfass ausgebauten Rieslinge vom Weingut Ratzenberger, wo selbst ein einfacher Qualitätswein trocken aus der Bacharacher Wolfshöhle nach 20 Jahren noch rassig und lebendig ist und Assoziationen an einen guten Saarwein weckt.

Geschmacklich ist der Mittelrhein eine Art imaginäres Bindeglied zwischen Rhein und Mosel. Eine pikante, mineralische Säure erinnert an die Mosel, während der runde Körper und die Fülle typischen Rhein-Charakter zeigen. Elegante Rheinweine und kräftige Moselweine – so in etwa könnte die Faustformel für einen guten Mittelrhein-Riesling heißen.

Mehr und mehr zum Aushängeschild des Gebietes werden zudem die Edelsüßen. Die im Herbst herrschende hohe Luftfeuchtigkeit fördert auch die Entstehung der *Botrytis cinerea*, und inzwischen lesen immer mehr Erzeuger mit Akribie die edelfaulen Beeren aus. Das Ergebnis sind oft sehr stoffige, explosive Weine mit einem komplexen Aromaspektrum, die trotzdem so ausgewogen wirken, wie man sie nur selten in Deutschland findet.

So bekommt dieses Gebiet nun endlich den Kick, den es braucht, um als eigenständige Weinregion mit einem originären Profil noch stärker ins Bewusstsein vieler Weinliebhaber zu rücken. Doch das kolportierte Klischee vom Mittelrhein als der »Romantik in Weinkultur« hält sich hartnäckig. Fakt ist jedoch: Der Mittelrhein ist zerklüfteter und dramatischer als gemeinhin angenommen! Das Wildromantische ist also der eigentliche Charakter dieses deutschen Grand Canyons. Und genau dieses Zusammenspiel zwischen der wilden, der rassigen, mineralischen und der romantischen, also der fruchtigen, reiferen und süßeren Komponente drücken die überzeugendsten Weine aus – wobei die Reife und vordergründige Fruchtigkeit bisweilen oft noch zu einseitig betont sind. Früher waren die Rieslinge vom Mittelrhein durch ihre Säure bekannt, die den Weinen auch Langlebigkeit verlieh. Heute werden jedoch leider viel zu viele Weine entsäuert und damit im Keller weich gemacht. Nimmt das den Mittelrheinweinen aber nicht auch ihre Persönlichkeit?

Eigentlich ist der Rhein-Canyon Charakter pur. Als naturräumliche Einheit ist das Obere Mittelrheintal ein weltweit bekanntes Lehrbeispiel für ein antezedentes Flusstal – ein Tal, das bereits existierte, bevor das Rheinische Schiefergebirge aufgestiegen ist. Der Rhein war also gezwungen, sein Bett

Biologischer Säureabbau
Auch Malolaktische Gärung oder Milchsäuregärung genannt. Bei der zweiten Gärung (nach der alkoholischen), die bei Rotweinen erforderlich und bei manchen Weißweinen erwünscht ist, wird die »unreife« Apfelsäure von Milchsäurebakterien in die mildere Milchsäure umgewandelt. Wenn dies schiefläuft, können Butter- oder Sauerkrautnoten im Wein entstehen.

langsam in die vor rund 400 Millionen Jahren gebildete Gesteinsfolge aus Tonschiefer, Sandsteinen und Quarzit einzuschneiden. Das letzte Stadium der Talbildung vollzog sich während der letzten drei Millionen Jahre mit ihren zahlreichen Eis- und Wärmezeiten. Während der Rhein in den Kaltzeiten wenig Wasser führte und Geröll ablagerte, schnitt er sich in den Warmzeiten als wasserreicher Strom tiefer ein: Die bekannte Terrassenlandschaft formte sich.

Der Mittelrhein ist eine wahre Schatzkammer für edelsüßen Riesling.

Allerdings glauben noch immer viele Besucher, sie würden am Mittelrhein Weine aus dem Rheingau probieren. Eine Verwechslung, die vielleicht auch durch die amtliche Grenze bedingt ist. Denn auf dem rechten Ufer zwischen Rüdesheim bis nördlich von Lorchhausen liegt das Bundesland Hessen mit dem Rheingau, während sich bereits ab Bingen in nördlicher Richtung das Weinanbaugebiet Mittelrhein erstreckt. Dabei haben Assmannshausen, Lorch und Lorchhausen mit dem Hauptteil des Rheingaus rein geologisch wenig zu tun. Bereits ab dem Binger Loch, auf Höhe der Burgruine Ehrenfels und des Mäuseturms, einer alten Mainzer Zollstation auf einer Insel im Rhein, beginnt nämlich die dramatische Terrassenlandschaft des Rheins, eine Kulturlandschaft von europäischer Bedeutung, die als UNESCO-Weltkulturerbe auf Augenhöhe mit der Wachau in Niederösterreich, mit dem Loire-Tal in Frankreich oder – theoretisch – mit den Pyramiden von Gizeh steht!

Im Kern ist das Obere Mittelrheintal eine erstaunlich homogene, in sich geschlossene Welt, deren Charakter, natürliches Potenzial und weinbauliche Möglichkeiten sich erst dann klarer erschließen, wenn man die amtlichen Grenzen einmal energisch beiseite schiebt! Dann erscheinen plötzlich Assmanshausen, Lorch und Lorchhausen als essenzielle Bestandteile des Ganzen. Vor allem gelingt es dann auch besser, nicht nur das Mittelrheintal gleichsam vollständiger innerhalb der gegebenen natürlichen, geologischen und klimatischen Grenzen einzuordnen und die stilistischen Möglichkeiten umfassender zu beleuchten, sondern es auch aufzuwerten. Die Rieslinge und Spätburgunder des rechtsseitigen Rheingau-Appendix bekommen erst Kontur durch die Einordnung in den Mittelrhein-Kontext – wenngleich die vor allem durch Phyllit-Schiefer geprägten Assmannshäuser Steilhanglagen Höllenberg, Frankenthal und Hinterkirch durch ihre Ausrichtung auf Rotwein noch eine Sonderstellung einnehmen. Bereits 1108 schenkte der damalige Erzbischof Ruthard von Mainz dem Kloster Disibodenberg an der Nahe neugerodetes Weinbergsgelände zwischen Aulhausen und Assmannshausen, und der berühmte Rotwein ist seit 1507 bekannt.

Die besten Weine von dort besitzen genau die besondere Spannung, die dem Mittelrheintal eigen ist: Der Schiefer hält den Spätburgunder auf Spannung, bündelt ihn, macht ihn filigran und kernig, manchmal fast ein wenig spröde, ja karg in seiner Mineralität. Dazu kommt das romantische Element, eine mitunter fast schon expressive Frucht, nicht nur von Kirschen mit seidiger Haut, sondern auch von kleinen, intensiven, betörenden schwarzen Johannisbeeren in ihrer fast schon puren, flüssigen Form. Eine feine Fruchtsäure verleiht strahlende Frische und trägt das oft mit einem dezenten Mandelton ausklingende Burgunderaroma. Dieses Zusammenspiel zwischen reicher Frucht, belebender Säure und karger Mineralität – das macht den Höllenberg zu einem echten Prototyp des Mittelrheintales.

Einen richtig wilden Eindruck machen die besten Spätburgunder vom Weingut Krone, das zweifelsohne einige der besten Parzellen im berühmten Berg besitzt und an dem seit 2005 der Rheingauer Betrieb Weingüter Wegeler-Gutshaus Oestrich (siehe Seite 49) maßgeblich beteiligt ist. Seit dem Jahrgang 1995 verantwortete der Lorcher Peter Perabo den Weinausbau, und in den Jahrgängen 1999, 2001 und 2003 sind großartige Rotweine entstanden. Inzwischen hat Michael Burgdorf, der der Betriebsleiter vom Weingut Wegeler-Gutshaus in Oestrich ist, im Keller das Zepter übernommen, während Perabo beratend tätig ist. Das besondere Faustpfand des Betriebes sind die alten Rebstöcke, darunter auch einige Weinberge mit Reben aus Baden und Burgund, die für eine ganz eigene Charakteristik sorgen. Wer einmal einen der Spitzen-Spätburgunder des Weinguts Krone getrunken hat, wird diesen Geschmack, ob nun goutiert oder auch nicht, ganz gewiss nicht vergessen. Der Begriff »Cassis-Bombe« hat hier voll und ganz seine Berechtigung! Dem einen mag der intensive Non-Plus-Ultra-Geschmack von vollreifen Schwarzen Johannisbeeren des Guten schon etwas zu

Weingut Krone
Niederwaldstraße 2
D-65385 Assmannshausen
Tel. +49 (0)67 22/25 25
Fax +49 (0)67 22/99 09 66
E-Mail: info@weingut-krone.de
www.weingut-krone.de
Öffnungszeiten:
nach Vereinbarung
Weine sind an der Rezeption des Hotels Krone Assmannshausen (Rheinuferstraße 10) zu Weingutpreisen erhältlich

viel sein, die anderen – und von diesen Liebhabern gibt es eine ganz erstaunliche Menge! – fahren hingegen voll auf dieses Aroma ab. Denn auch wenn die Frucht eine vehemente Opulenz an den Tag legt, hat insbesondere der Spitzenwein Juwel, in dem vor allem die hochkarätigen Partien der ältesten Reben das Rückgrat bilden, eine derartige Tiefe, Säurefrische, eine kräutrige Würze und so viel frisches und samtiges Tannin als Kontrapunkt, dass es keine Sättigung gibt. Höchstens nur der nächste Schluck.

Rigide zusammengestrichen und gestrafft wurde das Rotwein-Portfolio, und besternte Auslesen in homöopathischer Dosis gehören der Vergangenheit an. Stattdessen wurde kräftig investiert, etwa in neue Barriques und in eine neue Presse. Das Gut erstrahlt in neuem Glanz, und hinter dem markanten, teils – wie im Jahrgang 2004 – sogar laut Tom Drieseberg, seines Zeichens Geschäftsführer von Wegeler in Oestrich, auch »martialischen« Spätburgunder mit seiner ausgeprägten Cassissnote, ist der trockene Spätburgunder Assmannshäuser Höllenberg alles andere als ein eindimensionaler Modewein, sondern authentischer Ausdruck des berühmten Berges: zugleich geschmeidig, lebendig, würzig und mit kräftigem Aroma! Ebenfalls ein entschiedener Kontrapunkt im Zeitalter des Weicheier-Weins! Der trockene Basis-Spätburgunder schließlich ist charmanter, runder, gefälliger, hier steht die geschliffene Traubigkeit ganz im Vordergrund, aber auch hier dirigiert ein Könner das Orchester aus leisen, stimmigen und transparenten Tönen.

Bei den Weißweinen soll es künftig ebenfalls nur noch drei Weine geben. Der quirlige Assmannshäuser Spätburgunder Blanc de Noirs ist ein echter Paukenschlag: kein Abfall-Produkt bei der Rotweinbereitung, sondern eine helle, transparente und duftige Erscheinung, die mit herrlich sehnigen Bewegungen sich fast schwerelos zur Musik bewegt – eine grazile Balettänzerin, die sich vor der Kulisse des Mittelrheintals mit Anmut bewegt. Die gesunden Beeren stammen vor allem aus den besten Weinbergen. Kein Wein also, der aus bereits angefaulten, minderwertigen Beeren gekeltert wird, die für die hochkarätigen Roten des jeweiligen Hauses nicht mehr in Frage kommen. Und nach dem fleischigen, aber straffen Weißburgunder verkörpert vor allem der Lorcher Riesling Alte Reben eine gradlinige Heiterkeit, um quasi jeden Tag Spaß zu bereiten!

Blanc de Noirs
Zartgoldene ins Mahagoni gehende Blanc de Noirs werden wie Weißweine gekeltert und anschließend vergoren. Üblich ist auch eine kurze Angärung der Rotweinmaische.

Der zweite bekannte und bedeutende Betrieb in Assmannshausen ist das Weingut August Kesseler. Wenn der quirlige August Kesseler über den Höllenberg doziert und von dem Kleinklima, den steilen exponierten Terrassen, der extrem langen Vegetationsperiode, den auf natürliche Art reduzierten Erträgen und den hohen Extraktwerten spricht, dann fügt sich aus vielen Puzzleteilen das Bild einer vielfach exponierten Lage, wo die Beeren ideal ausreifen können, ohne die Säurefrische zu verlieren. Und genau das schmeckt man in Kesselers besten Weinen, bei denen alles nur eine Frage der Ästhetik, des Feingefühls und der Harmonie zu sein scheint – so präzise sind sie auskalibriert. Der trockene Spätburgunder Assmannshäuser Höllenberg etwa besitzt eine unglaublich feine Kirschfrucht nebst einem Anflug von Weihrauch und Myrrhe sowie wunderbare Eleganz. Großartige Rotweine keltert August Kesseler aber auch von Trauben aus Rüdesheimer Schlossberg, bei denen sich die breiter angelegte Fruchtsüße einen packenden Kampf mit den Mineralien vom Taunusquarzit liefert. Zuerst erscheint dieser kräuterige Wein opulenter in der Nase und exaltierter in den Aromen als der Höllenberg, doch urplötzlich trifft einen die eiserne Faust – aber im Samthandschuh.

Weingut August Kesseler
Lorcher Straße 16
D-65385 Assmannshausen
Tel. +49 (0)67 22/25 13
Fax +49 (0)67 22/4 74 77
E-Mail: info@august-kesseler.de
www.august-kesseler.de
Öffnungszeiten:
nach Vereinbarung

Viel zu verdanken hat Kesseler zweifellos seinem Kellermeister Max Himstedt, einem gebürtigen Bremer und Naturtalent. Auch beim Riesling hat er eine beeindruckende Leistung erbracht. Ein Renner ist die Riesling Spätlese 530,3, eine Cuvée aus den hochwertigen Lagen des Rüdesheimer Bergs am betreffenden Rheinstromkilometer: hell und heiter wie der Frühling. Das Spiel steigert sich noch bei den konzentrierten, geradezu explosiven Edelsüßen, die durch Feinheit beeindrucken – zweifellos ein Steckenpferd des Betriebes. Die Saftigkeit des Riesling Kabinett aus dem Lorcher Schlossberg etwa macht es selbst disziplinierten Weintrinkern schwer, auf das nächste Glas zu verzichten, während die Auslese Goldkapsel als ein funkelndes Kaleidoskop von reifen Früchten mit differenzierter Würze und feiner Mineralität strahlt: Lorcher Wein als Kulturereignis. Allerdings – könnte die Kessler'sche Riesling-Schatztruhe nicht noch stärker funkeln und glitzern, wenn der eine trockene oder andere geschmacklich trockene Wein noch weiter durchgegoren wäre? Vielleicht wirkt

Nachfolgende Doppelseite: Famoser Blick auf den berühmten Assmannshäuser Höllenberg, wo auf Phyllitschiefer besonders markante Spätburgunder wachsen.

durch die recht präsente Restsüße das romantische Element ein wenig zu stark betont.

Hessische Staatsweingüter Kloster Eberbach
Domaine Assmannshausen
Höllenbergstraße 10
D-65385 Assmannshausen
Tel. +49 (0)67 22/22 73
Fax +49 (0)67 22/4 81 21
E-Mail:
info@weingut-kloster-eberbach.de
www.weingut-kloster-eberbach.de
Öffnungszeiten: Fr. und Sa. 12–18 Uhr und nach Vereinbarung
Januar geschlossen

Eine dritte Assmannshäuser Spielart bieten die HESSISCHEN STAATSWEINGÜTER DOMAINE ASSMANNSHAUSEN: reiche, konzentrierte, lang anhaltende Aromen, die an dunkle Beeren, Schokolade, Kirsche, mitunter auch Lakritze und Minze erinnern. Die Reben wachsen im windgeschützten Höllenbachtal und profitieren von einem etwas wärmeren Kleinklima, sodass der Auftritt der Weine etwas stoffiger und fleischiger ist. Auch hier wird schnell klar, dass es *den* Assmannshäuser nicht gibt. Der klassische, große Auslese trocken ist aber das Aushängeschild der Domaine, und legendäre Jahrgänge wie 1947 sind auch nach über 50 Jahren noch in Form und zeigen die typischen Anklänge an Speck, Rauch, getrocknete Beeren und Eukalyptus – quasi unverwüstliche Bollwerke der weltweit bekannten Assmannshäuser Rotweinkultur. Nach einer Schwächephase in den 1980er- und 1990er-Jahren knüpft die Domaine unter Leitung von Ralf Bengel nun wieder an diese glorreichen Zeiten an. Spät gelesene Trauben sorgen für konzentrierte Aromen, und der Alkohol liegt mitunter sogar bei 15 Volumenprozent – was gelegentlich ein wenig zu Lasten des Spiels in den Weinen geht.

»Doch genau das waren die richtigen Kaliber aus der Vergangenheit«, sagt Bengel. Hier entsprechen die Weine vielleicht am ehesten den feurigen Assoziationen, den der Name Höllenberg hervorruft – auch wenn es eine auffällige Eigenschaft des Assmannshäuser ist, den Alkohol erstaunlich gut einzubinden.

Überhaupt die Alkoholwerte im Mittelrheintal! Beim bereits seit 1968 ökologisch arbeitenden Lorcher WEINGUT GRAF VON KANITZ liegt bei so manchem trockenen Riesling Kabinett aus dem Lorcher Pfaffenwies der Alkohol bei 13,5 Volumenprozent, bei trockenen Spätlesen sogar noch darüber! Durch die Kumulierung von Glyzerin, Alkohol und Restsüße schmecken die betont klaren, rassigen und im positiven Sinne fruchtbetonten Rieslinge von Kanitz mitunter im trockenen und halbtrockenen Bereich etwas vordergründig, wuchtig und ein wenig süßlich. Mit dem guten Jahrgang 2004 feierte Kurt Gabelmann, der zuvor Kellermeister der Staatsdomäne an der Nahe war, seinen Einstand und steigerte sich

Weingut Graf von Kanitz
Rheinstraße 49
D-65391 Lorch
Tel. +49 (0)67 26/3 46
E-Mail: info@weingut-kanitz.de
www.weingut-kanitz.de
Öffnungszeiten: Mo. bis Fr. 8–12 und 13–17.30 Uhr, Mai bis Oktober Sa. 10–15 Uhr, November bis April nur jeden zweiten Sa. 10–15 Uhr

seitdem kontinuierlich. Naturgemäß profitieren viele der herzhaften Weine enorm von der Flaschenreife und zeigen exemplarisch das Alterungspotenzial der Lorcher Rieslinge. Bei der famosen 1976er Auslese ist der mineralische, kühle Kern umhüllt von fast schwerelos erscheinender Fruchtmaterie. Die edelsüßen Rieslinge, insbesondere die Beeren- und Trockenbeerenauslesen von Gabelmann sind von ähnlichem Format und ebenso erfrischend wie originell. Sie erzeugen richtige Weißwein-Hochspannung!

Einen charakterstarken und zugleich rassigen Stil mit moderatem Alkohol pflegt das Lorcher Weingut Altenkirch, wo die neue aus Japan stammende Kellermeisterin Tomoko Kuriyama eine enorme Portion Ehrgeiz und Können zeigt. Zu hoffen ist, dass sich diese Stilistik in den nächsten Jahren nachhaltig etablieren kann. Die Weine werden nun nicht mehr konsequent spontan vergoren, und die hohe Ausreifung der Trauben ist nicht mehr das Ziel der Weinbergsarbeit. Stattdessen schmecken die Rieslinge gradliniger, brillanter und sind ausgeprägter in ihrem mineralischem Stil. Die Weinpyramide staffelt sich dreigliedrig: Riesling trocken und andere Rebsorten als Basis, dann folgen als Terroir-Linie die trockenen Rieslinge Löss, Grauschiefer und Quartzschiefer (feinherb). Die Spitze markieren die trockenen Riesling-Lagenweine aus süd-südwest-orientierten Weinbergen: Lorcher Schlossberg, Lorcher Krone und Bodenthal-Steinberg (Alte Reben). Intensiv werden die Unterschiede zwischen den einzelnen Weinen herausgearbeitet, wobei bereits der trockene Gutsriesling angesichts seiner Saftigkeit staunen macht, während im mittleren Segment der Quartzschiefer am meisten strahlt. Bei den Lagenweinen stechen der komplex-würzige Bodenthal-Steinberg und insbesondere der Schlossberg mit seiner Aromatik von Zitrusfrüchten und Mango heraus – bei betonter Säurerasse ist der 2007er mit moderaten zwölf Volumenprozent Alkohol bekömmlich und schlank.

Weingut Friedrich Altenkirch
Binger Weg 2
D-65391 Lorch
Tel. +49 (0)67 26/83 00 12
Fax +49 (0)67 26/24 83
E-Mail: info@weingut-altenkirch.de
www.weingut-altenkirch.de
Öffnungzeiten historischer Gutsausschank:
1. März bis 1. Juni und 30. August bis 30. November Fr. und Sa. ab 17 Uhr, So. ab 15 Uhr
Ferienwohnungen im Weingut

Bemerkenswert ist das Credo der jungen Kellermeisterin, die einen befreienden Blick über den Tellerrand werfen kann: »Lorch ist deshalb herausragend, weil der Grauschiefer, den es auch an der Nahe gibt, extrem flachgründige Böden bildet, bei denen die Reben sich regelrecht quälen müssen. Daraus resultiert wiederum die unverwechselbare Schlankheit und Eleganz der Rieslinge aus den Lorcher Steillagen. Was mich

Mittelrhein schmecken

DEVON S RIESLING SPÄTLESE TROCKEN
Weingut Toni Jost-Hahnenhof/Bacharach

Der Devon S braucht einen Jahrgang mit frischer Säure, um sein rasantes Spiel zu zeigen. Dieser Riesling zeigt glasklare Frucht, nervige Mineralität: Der Charme eines Sonnenaufgangs nach einer glitzernden Vollmondnacht.

BOPPARDER HAMM FEUERLAY RIESLING SPÄTLESE
Weingut Matthias Müller/Spay

Die leider oft verramschte, fruchtige Kategorie »Spätlese« läuft bei Marianne und Matthias Müller zu lustvoller Rieslingrasse auf: Die markante Würze und der volle Geschmack des Feuerlay sind von lebendiger Säure und zarter Mineralität umspielt.

LORCHER SCHLOSSBERG RIESLING TROCKEN
Weingut Altenkirch/Lorch

Dieser Wein ist ein exemplarisches Beispiel für Lorcher Rasse mit einer reifen Säure, die aber keinesfalls spitz wirkt. Die neue Kellermeisterin Tomoko Kuriyama zeigt eine gehörige Portion Ehrgeiz und Können. Ein eleganter Wein mit Schmelz und Nachdruck, der seinen ganzen fruchtigen Charme ausspielt. Es sind aber keine Allerweltsfrüchtchen à la Dosenpfirsich oder Aprikosengelee, sondern kandierte Zitrusfrüchte und eine frisch aufgeschnittene Mango. Das alles schnürt eine nervige Säure fest zusammen. Erfreulich moderater Alkoholgehalt!

BACHARACHER GRAUBURGUNDER QBA TROCKEN
Weingut Ratzenberger/Bacharach

Gerade die Hangkuppen mit aufgewehtem Löss-Lehm bieten das Potenzial für wunderbar weinige, feinfruchtige trockene Grauburgunder wie diesen. Von bis zu 50-jährigen Reben kommt der feinwürzige Extrakt mit reifer Honigmelonennote; gleichsam voll, rassig und geschmeidig, ein Burgundertyp mit saftigem, belebendem Fruchtspiel.

MITTELRHEIN RIESLING QUALITÄTSWEIN TROCKEN
Weingut Weingart/Spay

Ein wahrer Spitzenwinzer kann insbesondere durch seine Visitenkarte, den trockenen Gutswein glänzen. Und genau das macht Florian Weingart mit diesem feinen und ausgewogenem Strahlemann-Riesling, mit blinkenden Facetten und funkelnder Geradeaus-Frucht.

persönlich reizt, ist die Möglichkeit, in Lorch den Riesling von klassisch trocken bis edelsüß zu erzeugen«, sagt Tomoko Kuriyama, die in Geisenheim studierte, und erklärt weiter: »Diesen enormen Spannungsbogen können wir durch eine selektive Lese voll ausschöpfen, bei der wir immer wieder durch die Zeilen gehen und das lesen, was uns für das jeweilige Ziel optimal erscheint. Das ist eben das Potenzial des Rieslings: durch Abwarten Vielfalt zu erzeugen. Die Arbeit im Keller ist ein Werkzeug, kein Dogma. Deshalb lasse ich mir die Möglichkeiten offen, sowohl Kulturhefen einzusetzen als auch spontan zu vergären. Wichtig ist mir, den Lagencharakter herauszustellen, und dafür bediene ich mich der entsprechenden Werkzeuge. Welche Hefe ich verwende, ist am Ende sekundär. Konkret heißt das: Wenn der Jahrgang sehr reif ist, darf die Gärung nicht stecken bleiben, denn eine Restsüße würde den Lagentyp übertönen. Das Wichtigste ist immer noch der Weinberg, der Keller ist sekundär. Dort arbeite ich nach dem Prinzip des kontrollierten Nichtstuns – das ist aber kein Laissez-faire. So weit wie möglich vermeide ich Eingriffe bei der Weinreifung und das bedeutet, die Rieslinge lange auf der Hefe zu belassen. Top-Qualität braucht Lagerzeit auf der Hefe: Damit meine ich aber nicht die Feinhefe, sondern die gesamte Hefe. Anders gesagt: Man muss seinen Kindern Zeit geben, sich zu entwickeln – genau wie beim Menschen. Das Elegante, Charmante des Rieslings hat mich seit jeher interessiert, und dieser Abschnitt des Rheins bietet dem Weinbau sehr viele Möglichkeiten, der Riesling wird hier nicht zu üppig. Gerade das fasziniert mich – schließlich ist der Riesling die nobelste und eleganteste Rebsorte überhaupt. Natürlich mutet es ungewohnt an, wenn eine Frau, zumal aus Japan, im Rheingau Kellermeisterin wird. Aber wir Japaner sind anpassungsfähig und neugierig. Und bei uns hat das Handwerk, zu dem das Weinmachen ja zählt, einen hohen Stellenwert in unserer Kultur.« Klingt hier ein neues, faszinierendes Kapitel der Lorcher Weinkultur an? Denn Fakt ist, dass die hochwertigen, meist nur aufwendig zu bewirtschaftenden Steillagen von Lorch und Lorchhausen noch immer unterschätzt werden, günstig zu pachten oder zu kaufen sind, mit ihren steinigen Böden und dem besonderen Mikroklima aber ein enormes, noch immer unterschätztes Potenzial haben – was mal mehr, mal minder durchaus für den gesamten Mittelrhein gilt!

Hefen
Mikroorganismen, welche die alkoholische Gärung in Gang setzen, indem sie Zucker in Alkohol umwandeln. Es gibt selektionierte Reinzuchthefen sowie natürlich vorkommende Wildhefen.

wurzelecht
Rebstock, der nicht auf eine Unterlagsrebe gepfropft wurde, sondern von eigenen Wurzeln emporwächst. Seit der Reblausplage sind die allermeisten Reben Pfropfreben.

Weiter stromabwärts wird auf dem rechten Ufer der Rückgang der Steillagen im Mittelrheintal geradezu frappant. Im Lorchhausener Seligmacher klingt bereits der Devonschiefer an. Doch gerade in ihrem südlich exponierten Teil ist dies eine Paradelage, deren enormes Potenzial für außergewöhnliche Rieslinge zwar noch brachliegt, aber ab 2008 widmet sich die junge, talentierte Winzerin Eva Fricke aus dem Rheingau der Re-Kultivierung (siehe Seite 132). Etwas besser sieht es inzwischen auch auf der rechten Rheinseite bei Kaub aus, wo die Seiteneinsteiger aus Bacharach-Steeg Hofmann & Sturm (siehe Seite 132) aufwendig eine brachliegende Terrasse mit 60-jährigen wurzelechten Reben wieder aufbauten. Mittlerweile bewirtschaftet das Weingut Heinrich Weiler in Oberwesel (siehe Seite 133) den Kauber Roßstein im Alleinbesitz, wo sich die teils uralten Reben in kargen Felsparzellen mit teilweise bis zu 90 Prozent Hangneigung in den mit Buntsandstein vermischten Schieferboden krallen. Mit ihrer typisch rauchigen Note sind die Roßstein-Rieslinge unverkennbar. Dabei zählten diese historischen Lagen, die zum Anbaugebiet Mittelrhein zählen, einst zu den besten Weinbergen im gesamten Tal! Die Rebzeilen hingen hier teilweise in der Felsnische wie in einem Adlerhorst, und die Beeren profitierten von dem Kleinklima wie in einem Kessel. Besser sieht es hingegen im Kauber Schlossberg aus, wo sich die Winzer hartnäckig um eine Rekultivierung der Rebflächen bemühen.

Zunehmend werden hochklassige Steillagen am Mittelrhein von engagierten Winzern wieder rekultiviert.

Vis-à-vis vom Rheingau liegt auf der linken Rheinseite im Weinanbaugebiet Mittelrhein das einst so berühmte Viertälergebiet, zu dem die Gemeinden Oberdiebach, Manubach, Steeg und Bacharach mit ihren teils beeindruckenden Seitentälern zählen, die bestenfalls südlich ausgerichtet sind. Im Mittelalter war dieses Gebiet ein wirtschaftlich zusammenhängendes Gebilde, und der Diebacher Feuerwein war für den Bacharacher Winzer Randolf Kauer sogar »der erste Süßwein überhaupt«. Dabei wurde die Gärung durch die Erhitzung des Mostes in Feuerkammern in Fässern über niedrigen Flammen so sehr beschleunigt, dass die Hefen nur einen Teil des Zuckers umwandeln konnten. Heute ist von einer einst imposanten Tradition noch etwas in dem alten Winzerdorf Manubach zu spüren, während in der unbekannten Spitzenlage Oberdiebacher Fürstenberg selbst der junge Spitzenwinzer Florian Weingart aus Boppard Parzellen bewirtschaftet. Das Gebiet bewegt sich zwischen vergangener und zukünftiger Größe.

Dass es auch ein Dorado für Garagenwinzer und Seiteneinsteiger werden könnte, zeigen zwei Dänen exemplarisch: Vivi Hasse und Lars Dalgaard. 2001 gründeten sie ihr Weingut Villa Riesling in Manubach, und hier spricht ihr Wein durch und durch deutsch – allerdings mit einem ausgeprägten dänischen Akzent. Das Paar bewirtschaftet 0,8 Hektar Weinberge im Oberdiebacher Fürstenberg und im Manubacher Mönchwingert, darunter auch einige Parzellen mit 50-jährigen Reben, die sie von hiesigen Winzern übernehmen konnten.

Weingut Villa Riesling
In der Grube 4
D-55413 Manubach
Tel. +49 (0)67 43/94 76 42
Fax +49 (0)67 43/94 76 43
E-Mail: villa.riesling@t-online.de
Öffnungszeiten:
nach Vereinbarung

»Deutschland braucht nicht nur glückliche Kühe, sondern auch glückliche Weinberge«, sagen die beiden Dänen und wissen um die nötigen Konsequenzen: viel Arbeit im Weinberg, Verzicht auf Herbizide und Kunstdünger und ein tiefes Verständnis für den Weinberg als Ökosystem.

Im Keller herrscht dann das, was die beiden Dänen *no-touch-winemaking* nennen. Also generell keine Entsäuerung, keine Anreicherung, keine Schönung (im Weinstadium), kein Aufwirbeln der Hefe oder sonstige durchaus legale kellerwirtschaftliche Tricks. Das Ergebnis von Ganztraubenpressung, langer Vorklärung des Mostes, ausgedehntem Feinhefelager und Ausbau des Weins in Edelstahltanks überrascht – wenngleich man auch schon mit Frostschäden, Verrieselung und Vogelfraß zu kämpfen hatte. Rassige, zarte Säurespitzen in den Rieslingen aus dem Manubacher Mönchwingert geben den kraftvollen, mineralischen Weinen viel Spiel, während die Reben im Oberdiebacher Fürstenberg stärker von der Wärmespeicherfähigkeit des Rheins profitieren und die Weine noch etwas fruchtbetonter und fülliger sind. Es sind sehr gradlinige trockene Rieslinge, im Halbtrocken-Bereich von beachtlichem Spiel, und ab Auslese aufwärts mit ansprechender Geschmacksdichte. Hier entwickelt sich eine individuelle Weinkultur, die einigen hiesigen Weingütern durchaus vormacht, wie es am Mittelrhein auch gehen könnte.

Feinhefelager
Manche Weiß- und Rotweine werden auf dem Hefedepot, das sich nach Abschluss der Gärung am Fassboden bildet (grobe Hefe) gelagert. Das hält den Jungwein frisch und verleiht ihm Stoff, bringt aber das Risiko mit sich, dass der Wein einen dominanten oder gar fehlerhaften Hefeton annimmt. Aus diesem Grund werden die Weine meist nach der Gärung abgestochen, aber nicht gleich filtriert und lagern dann auf der so genannten Feinhefe.

Vielleicht fehlt der Winzerschaft im Tal der Loreley ja oft der Mut zum Wilden? Echtes Selbstbewusstsein ist im Mittelrheintal mehr denn je gefragt!

Dabei hat der Mittelrhein mit dem Weingut Toni Jost-Hahnenhof in Bacharach einen echten Hochkaräter, der

die traditionsreiche hiesige Weinkultur seit Ende der 1980er-Jahre regelmäßig zum Funkeln bringt. Wie genial kann doch ein gut gereifter Bacharacher von Linde und Peter Jost schmecken, und keine anderen Weine des Tals, auch die aus den Spitzenlagen des Bopparder Hamms, sind besser. Im Mittelalter war Bacharach einer der Hauptumschlagplätze des deutschsprachigen Weins und der »Bacharacher« weltweit bekannt. Die von der hiesigen Weinkritik teils unterschätzten Rieslinge von Peter Jost (auch die aus seinen Weinbergen in Walluf/Rheingau), sind elegant, verspielt und mineralisch, aber auch stoffig und beeindruckend nachhaltig – es sind im trockenen sowie edelsüßen Bereich absolute Marathonläufer.

»Was wir hier haben, ist der richtige verwitterte Devon-Schiefer mit seinen bläulichen Platten«, schwärmt Peter Jost. Und diesen schmeckt man in den Weinen wie dem Devon S. Ein Affront gegen die infantilen Fruchtmonster, kein Verkostungswein, sondern eine geradezu unverschämte Trinkempfehlung: herb, blumig, leicht und verspielt – rassiger Schiefercharakter pur. Frisch, spritzig und unverblümt charmant strahlt aber auch schon die Visitenkarte des Gutes, der Gutsriesling trocken, der ebenfalls von Schiefer geprägt ist.

Nun setzen die Rieslinge aus dem Bacharacher Hahn, einer absoluten Spitzenlage für das gesamte Rheintal, die Jost fast in Monopolstellung bewirtschaftet, die Krone drauf. Die Weine von hier sind stets deutlich stoffiger, besonders extraktreich und haben den typischen betörenden Hahn-Ton: eine exotische Fruchtnote, die an Mango und Maracuja erinnert. Die extrem reduzierten Durchschnittserträge in den letzten Jahren lagen bei nur 30 Hektoliter pro Hektar, und das schmeckt man! In seinem Filetteil dreht sich der nicht terrassierte Hahn in südöstlicher Exposition vom Rhein hin nach Südsüdwest in ein kurzes, im Windschatten des Hunsrücks gelegenes Tal, und bereits für die trockene Spätlese müsste man Linde und Peter Jost eigentlich im Gebiet einen Teppich ausrollen. Vorausgesetzt, der Wein besitzt genügend Säure, was allerdings jahrgangsbedingt nicht immer in ausreichendem Maße der Fall ist. Im Jahrgang 2002 aber leuchtet, glitzert und funkelt die Frucht im Glas und dazu gibt die Säure richtig Spiel und Brillanz.

Das ist ein Stück abgeklärte Rheinpoesie, die – wie im Jahrgang 1997 – selbst in einem Alter von über zehn Jahren

Weingut Toni Jost-Hahnenhof
Oberstraße 14
D-55422 Bacharach
Tel. +49 (0)67 43/12 16
Fax +49 (0)67 43/10 76
E-Mail: tonijost@debitel.net
www.tonijost.de
Öffnungszeiten:
nach Vereinbarung

Links:
Eine kraftvolle, selbstbewusste Leitfigur im Gebiet: Peter Jost zeigt Ausstrahlung durch Ruhe, und auch seine Weine sind echte Persönlichkeiten.

anklingt: »eine wundersame/gewaltige Melodei« – wie es im Loreley-Lied von Heinrich Heine heißt. Ganz »hinauf in die Höh'« schaut nicht nur der »Schiffer«, sondern auch Weinliebhaber ergreift es bei einem Glas vom Großen Gewächs aus dem Bacharacher Hahn »mit wildem Weh«: Dieser Ausnahmewein singt trotz seines reichen Volumens, seine tropischen Früchte funkeln förmlich »im Abendsonnenschein« wie poliertes Gold – und obwohl dieser Wein wie der ruhig dahinfließende Rhein seine kühlen Schattenseiten zeigt und ein unterirdisches Reich in sich birgt, türmen sich die Aromen am Gaumen »wie der Gipfel des Berges« auf. Da sitzt sie nun auf einmal im Bacharacher Hahn, die wahre Wein-Loreley!

Weingut Ratzenberger
Blücherstraße 167
D-55422 Bacharach
Tel. +49 (0)67 43/13 37
Fax +49 (0)67 43/28 42
E-Mail:
weingut-ratzenberger@t-online.de
www.weingut-ratzenberger.de
Öffnungszeiten:
nach Vereinbarung

Weiter vom Rhein abgewandt wachsen im Steeger Tal einige der besten Weine vom Weingut Ratzenberger. Die Weine sind rassiger und etwas verspielter als die von Peter Jost. Ihre lebendige, feinsaftige und ausdrucksstarke Art macht sie geradezu zu Prototypen für den Mittelrhein. Die Basisqualitäten sind heiter-süffige Weine, und bei der halbtrockenen Spätlese aus dem Bacharacher Posten zeigt sich exemplarisch, dass dieser Geschmackstyp am Mittelrhein zu den Stars zählt. Im Grunde kann man bei dem ursympathischen Hans-Jochen und seinem dynamischen Sohn Jochen Ratzenberger gleich die Weine für das ganze Menü ordern – als Aperitif einen herrlichen Riesling-Sekt Bacharacher Kloster Fürstental Brut, der eine auf breiter Front geschwächte Tradition des Gebietes hochhält, und dann ein wunderbar feinfruchtiger Bacharacher Grauburgunder von bis zu 50-jährigen Reben, die auf den etwas schwereren Böden der Hangkuppen wachsen: schön schmelzig, reif und voll, dennoch rassige Säureart, mit einer leckeren Honigmelonennote. Liegt für diesen Weintyp noch Potenzial in der Region brach?

Richtig knackig in der Säure und straff ist der Exportschlager Caspar R – ein fruchtiger Riesling Qualitätswein mit Delikatesse. Besonders beeindruckt bei Ratzenberger das – nur in geeigneten Jahrgängen wie 2005 – gekelterte Große Gewächs aus der Tonschieferlage Steeger St. Jost mit seiner pastellfarbenen Flugsandschicht im Boden, die von den Vulkanausbrüchen des Neuwieder Beckens stammt. In diesem Wein zeigen sich eine ziselierte Feinheit sowie delikate Aprikosen- und Weinbergspfirsichnoten, ungemein spannend wird dieser Wein durch sein herrliches Wildkräuterbukett. Trotz des Namens schmeckt das Pendant aus der Lage Bacharacher Wolfshöhle charmanter, aber auch fülliger und kräftiger. Die besten Weine aus dieser Lage und aus dem Bacharacher Posten zeigen nobles Spiel und saftigen Schmelz insbesondere bei den fruchtigen und edelsüßen Prädikaten. Das alles sind jenseits von überbordender Wucht und vordergründiger Frucht sehr überzeugende Beweise für eine eigenständige Weinkultur am Mittelrhein!

Ich weiß nicht, was soll es bedeuten … « Das mag einem auch angesichts der sehr überzeugenden Weinqualität und nicht weniger stimmigen Weinstilistik vom Weingut Dr. Randolf Kauer in Bacharach in den Sinn kommen, das allerdings von der Weinkritik nicht gerade verwöhnt wird. Dabei schmecken schon die trockenen Riesling-Kabinettweine des versierten Ehepaars Martina und Randolf Kauer richtig gut und sind genau die Art von Ökoweinen aus Steillagen mit bekömmlichem Alkohol, herzhafter Frische und betonter Spritzigkeit, die gerne von der Kundschaft des drei Hektar großen Betriebs getrunken werden.

Weingut Dr. Randolf Kauer
Mainzer Straße 21
D-55422 Bacharach
Tel. +49 (0)67 43/22 72
Fax +49 (0)67 43/9 36 61
E-Mail:
weingut-dr.kauer@t-online.de
www.weingut-dr-kauer.de
Öffnungszeiten:
Mo.–Sa. nach Vereinbarung

Die Sicht des Weinfreundes nimmt Kauer denn auch konsequent ein, was ein nicht unbeträchtlicher Spagat ist, da er auch Weinwissenschaftler an der Weinbauhochschule Geisenheim ist und seine Doktorarbeit über ökologischen Weinbau verfasst hat. Trotz des wissenschaftlichen Fundaments sieht Kauer die Dinge durch und durch praktisch. Er hat wie seine Frau eine klare Vorstellung von Weinqualität. Der Wein muss im Glas strahlen, und das kann er eben nur, wenn er eine lebendige Frucht, rassige Säure und knisternde Mineralität hat. So haben die trockenen Kabinettweine einen schlanken, vitalen Körper und jene Spur von grünen, vegetalen Aromen, die so sehr zum nächsten Schluck anregen!

Bei den trockenen Spätlesen, gelegentlich mit etwas Botrytis, kommt zu diesem Schwung ein köstlicher Schmelz, die Frucht wirkt leicht geleehaft verdickt, aber in der Art einer hochwertigen englischen Konfitüre. Fordernde Rasse und ausgeprägte Mineralität haben die halbtrockenen Weine aus der Lage Bacharacher Kloster Fürstental, und Opulenz für Eleganztrinker besitzt die Auslese aus dem Oberdie-

Nachfolgende Doppelseite:
Im berühmten Weinort Bacharach wachsen sehr mineralische, langlebige Rieslinge, die zu Unrecht etwas in den Schatten der Weine aus dem Bopparter Hang treten.

bacher Fürstenberg. Für Kauer wächst in dieser unterschätzten Lage »Riesling für Fortgeschrittene«, aber angesichts des köstlichen Korbs mit Äpfeln, Zitrusfrüchten, Birnen und Quitten leert man schnell das Glas auch ohne großartige Riesling-Erfahrung.

Weingut Lanius-Knab
Mainzer Straße 38
D-55430 Oberwesel
Tel. +49 (0)67 44/81 04
Fax +49 (0)67 44/15 37
E-Mail: weingut@lanius-knab.de
www.lanius-knab.de
Öffnungszeiten: Mo.–Fr. nach Vereinbarung, Sa. 8–17 Uhr

Ein Stück weiter stromaufwärts arbeitet Jörg Lanius vom Weingut Lanius-Knab an seinem originären Stil, der deutliche Kontrapunkte in der Region setzt. Hier zeigt sich wieder exemplarisch, dass es einen vielapostrophierten, »typischen Mittelrhein-Stil« gar nicht gibt – sondern, ganz im Gegenteil, eher ein stilistisches Sammelsurium …

Lanius gilt als Spezialist für edelsüße Rieslinge – die in der Tat ungemein beeindrucken: dicht, beerig, klar, mit ungeheurem Schmelz und Frische. Der Winzer hegt jedoch ein Faible für trockene Weine, bei denen er seinen eigenständigen klassischen Weinstil mit Spontangärung und Ausbau in alten Eichenholzfässern besonders gut zeigen kann. Regelrecht exzentrisch ist das mineralisch-komplexe Große Gewächs aus dem Oberweseler Oelsberg mit seinem süßen Blütenduft, Noten von Gewürzen und Marzipan und reichhaltiger Aprikosenfrucht. Tatsächlich ist die Südlage Oelsberg von einem besonderen Kleinklima geprägt und auch geologisch unverwechselbar, denn zum typischen Schiefer gesellen sich Buntsandstein und Löss-Lehm, den der Rhein angeschwemmt hat.

Die Weinlese in den steilen Lagen am Mittelrhein ist sehr aufwendig und müsste noch stärker honoriert werden.

Es ist das besondere Verdienst von Lanius, diesen ganz und gar außergewöhnlichen Weinberg im Mittelrheintal wieder stärker in den Fokus gerückt zu haben. Bergab ging es mit dem Oelsberg, als in den 1970er-Jahren die Nachbarslagen flurbereinigt und umgestaltet wurden und dann kostengünstiger im Direkt- und Seilzug bewirtschaftet werden konnten. Doch für den Oelsberg tief im Prallhang mit seinem für den Mittelrhein ungewöhnlich fetten Boden interessierte sich kaum noch jemand, und die Bewirtschaftung wurde schon Anfang der 1980er-Jahre peu à peu eingestellt. Lanius aber sah diesen Weinberg als Referenz dafür, dass am Mittelrhein quasi in jeder Kurve der Riesling neue Nuancen zeigen kann – und der Oelsberg ein ganz originäres Geschmacksprofil besitzt. Also kaufte er Parzellen, befreite sie von Gestrüpp, rekultivierte und kelterte 1998 den ersten Jahrgang. Den Durchbruch markierte jedoch der 2000er, bei dem für den Mittelrheinwinzer zum ersten Mal »die Charakteristik des Oelsberg so richtig durchkam, das Würzig-Überschwängliche mit den typischen Honignoten«.

Um den Weinberg vollständig zu retten, bündelten schließlich die Bewirtschafter des Oelsberg ihre Kräfte und begannen 2003 ein Flurbereinigungsverfahren.

»Die Anerkennung als Weltkulturerbe half uns bei der raschen Bewilligung ungemein«, sagt Jörg Lanius. So konnte bereits nach einem dreiviertel Jahr das Projekt in Angriff genommen werden: Hecken wurden entfernt, Wege gebaut, Trockenmauern wieder instand gesetzt und innerhalb der alten, teilweise erhaltenen Trockenmauernflächen wieder quer terrassiert. Die ersten Reben konnten 2004 gesetzt werden und 2005 die restlichen. Heute steht der Oelsberg wieder in voller Blüte – dank der 17 Bewirtschafter, darunter auch Dr. Randolf Kauer aus Bacharach und Goswin Lambrich, der Weinbaupräsident des Mittelrheins, der auf seinem Wein- und Sektgut Goswin Lambrich in Oberwesel-Dellhofen sehr ansprechende, saftige Mittelrhein-Rieslinge keltert.

Wein- und Sektgut Goswin Lambrich
Auf der Kripp 3
D-55430 Oberwesel-Dellhofen
Tel. +49 (0)67 44/80 66
Fax +49 (0)67 44/80 03
E-Mail: info@weingut-lambrich.de
www.weingut-lambrich.de
Öffnungszeiten Weinstube: Anfang März bis 2. Advent Fr. ab 18 Uhr, Sa. ab 16 Uhr, So. ab 15 Uhr

Der Oelsberg ist also ein beeindruckendes, wegweisendes Beispiel für Aufschwung sowie geologische Vielfalt im Mittelrheintal. Rassiger und verspielter sind hingegen bei Lanius die Rieslinge vom Engehöller Bernstein, darunter auch ein sehr dynamischer Kabinett trocken, während die fruchtbetonten, süffig-frischen Weine aus der Engehöller Goldemund für fruchtige Prädikate prädestiniert sind: Die Spätlese wirbelt förmlich im Glas.

Das Potenzial für überragende trockene Weine haben sicher auch die Weinberge weiter flussabwärts in der weiten Südschleife des Rheins bei Boppard, die frappierend an die Tallandschaft der Wachau erinnert. Früher wuchsen in der Bopparder Außenkurve viele Kirschen, weil sie hier besonders früh reif waren und dadurch einen guten Preis erzielten. Ein einträgliches, hartes Geschäft in schwindelerregender Höhe. Schon früh am Morgen zogen die Obstbauern hinaus in das gewaltige Amphitheater des Bopparder Hamm, wuchteten Leitern über die uralten Terrassenmauern, verrichteten ihr Tagewerk und trugen abends ihre Früchte hinunter ins Tal.

Nachfolgende Doppelseite: Bei St. Goarshausen liegen leider viele Steillagen brach.

Heute überragen dunkle Kirschstümpfe die Büsche im

Bopparder Engelstein, einer Einzellage des Bopparder Hamms. Für die Obstbauern – und auch viele Winzer – wurde das felsige Areal im tief eingeschnittenen Mittelrheintal unwirtschaftlich.

Vor fast 25 Jahren machte sich der Spayer Winzer Heinrich Müller an die Arbeit, schob zwei Wege in den Engelstein, riss alte Trockenmauern ab, ersetzte sie durch neue und rekultivierte den teilweise überalterten Rebbestand. Heute setzt Sohn Matthias deutliche Zeichen in der Region.

»Bodenständigkeit, Tradition und Kontinuität verwechseln wir nicht mit veraltet, rückständig oder überholt: Diese Werte verbinden wir mit Fortschritt, Weiterentwicklung und Zukunft«, sagen Marianne und Matthias Müller vom WEINGUT MATTHIAS MÜLLER in Spay. Und auch wenn der Stil des Hauses mitunter mit »barocker Fruchtigkeit« bezeichnet wird, so sind die Rieslinge wesentlich straffer und gradliniger als die meisten Weine aus dem Bopparder Hamm. Allerdings benötigen die sehr schonend gekelterten und verarbeiteten Weine Entwicklungszeit, damit sich die klare Fruchtaromatik von Weinbergspfirsich und Aprikose zeigen kann und die Weine ihre typisch rassige, mineralische Art offenbaren können. Diese durchaus langlebigen Weine widerlegen mit ihrer Statur auch so manches Vorurteil, dass die Bopparder Weine nicht gut reifen können.

Weingut Matthias Müller
Mainzer Straße 45
D-56322 Spay
Tel. +49 (0)26 28/87 41
Fax +49 (0)67 28/33 63
E-Mail:
info@weingut-matthiasmueller.de
www.weingut-matthiasmueller.de
Öffnungszeiten: Mo.–Sa. 8–20 Uhr,
So. 10–20 Uhr

Bei Matthias Müller beeindruckt vor allem die Geschlossenheit im Sortiment, und die Güte beginnt bereits bei den supergünstigen, saftigen, trockenen Riesling Hochgewächsen. Die trockenen Kabinettweine bringen schon den Flüssigschiefer zum Strahlen, während die trockenen Spätlesen noch beeindruckender den Lagencharakter zeigen: der seidige Bopparder Hamm Ohlenberg mit seiner charmanten, blumigen Pfirsich-Aprikosen-Frucht und der leichten Pikanz; markanter, würziger, voller und wilder ist der Feuerlay, während eine halbtrockene Spätlese Bopparder Hamm Engelstein MM – unter dieser Edition firmieren zwei besonders gelungene Weine des jeweiligen Jahrgangs – nach typischen Wildkräuteraromen (Kamille) schmeckt.

Ein völlig neues Kapitel wurde mit dem Jahrgang 2007 für den Bopparder Hamm aufgeschlagen, als Matthias Müller als junges VDP-Mitglied mit dem Bopparder Hamm

Mandelstein das erste Große Gewächs aus der mächtigen Rheinschleife kelterte – und damit die trockenen Rieslinge auf ein neues stilistisches Niveau hob. Für den Spayer Winzer ist dies ein Ausloten der Möglichkeiten des Hamms insbesondere für trockene Weine: »Für uns besitzen die Lagen Feuerlay und Mandelstein im Bopparder Hamm das größte Potenzial für Spitzenrieslinge. Insbesondere der Mandelstein verkörpert den typischen Charakter des Mittelrheinrieslings: Er bleibt bei aller Dichte filigran und fruchtig. Die Weine aus dem tiefgründigeren Feuerlay sind hingegen erdiger und im Nachhall kraftvoller.« Das Große Gewächs Mandelstein schmeckt voll, rund und harmonisch – transzendiert selbstbewusst mit einer beeindruckenden Statur die stilistischen Möglichkeiten um Boppard und lotet aus, welche Tiefe insbesondere ein trockener Mittelrheinriesling aus dieser Gegend haben kann. Der Wein entwickelt eine ganz eigene, fast schon orientalisch anmutende Würze und Delikatesse, die gelben Früchte sind saftig, haben Feinheit und Gewicht. Endlich wird allen Unkenrufen zum Trotz das natürliche Potenzial in der Bopparder Rheinschleife beim trockenen Riesling weiter ausgeschöpft, denn hier scheint insgesamt das Ende der Fahnenstange noch längst nicht erreicht! Lustvolle Rieslingrasse zeigen die teils auch brillanten Spätlesen mit natürlicher Traubensüße, die zu den besten im gesamten Gebiet zählen können, während die konzentrierten, dezenten Honigsüßen Auslesen und Beerenauslesen prächtig im Mittelrheintal schillern.

Schiefer ist das Ausgangsgestein für die sehr rassigen Mittelrhein-Rieslinge.

Nur wenige Schritte entfernt liegt in der gleichen Straße das Weingut Weingart. Florian Weingart keltert die vielleicht subtilsten, komplexesten Rieslinge der Region. Und auch wenn ins Zentrum des Lobes immer wieder ein sirupartiges Konzentrat wie die wirklich großartige 2003er Riesling Trockenbeerenauslese Bopparder Hamm gerückt ist: Ein feiner und ausgewogener Gutswein, der Mittelrhein Riesling trocken, lächelt strahlend und strohgelb. Genau diese Weine trinkt das Gros der Weinliebhaber, und die Güte eines solchen Basisweins macht einen sehr guten Winzer erst zu einem wahren Spitzenerzeuger. Allerdings leistet Weingart auch so einiges! Seit 2002 hat die Familie Weingart etwa im Bopparder Hamm-Engelstein einen Hektar Rebfläche rekultiviert, darunter auch in traditioneller Ter-

Weingut Weingart
Mainzer Straße 32
D-56322 Spay
Tel. +49 (0)26 28/87 35
Fax +49 (0)26 28/28 35
E-Mail: mail@weingut-weingart.de
www.weingut-weingart.de
Öffnungszeiten: Mo.–Sa. 9–19 Uhr, So. und an Feiertagen 14–19 Uhr

rassenlage rund 1000 wurzelechte Reben in Einzelpfahlerziehung.

In der Kellerwirtschaft ist hier schonender, langsamer Ausbau oberstes Gebot – wenngleich auch bei den trockenen Weinen die Festigkeit noch betonter sein könnte. Sehr differenziert und finessenreich sind die Weine im trockenen

Der Bopparder Hamm ist das Reich von Winzer Florian Weingart (r.). Mittelrhein-Leidenschaft inspiriert hier die ganze Familie.

Segment: absolut überzeugend etwa die Spätlese aus dem Ohlenberg mit ihrer seidigen Frucht von Aprikose und Weinbergspfirsich, die von einer filigranen Würze umspielt wird. Das Pendant aus dem Engelstein hat indes mit seiner festeren, gradlinigen Säure und dem etwas barockeren Körper das Rüstzeug für einen großen trockenen Riesling vom Mittelrhein. Erst im großen Glas entfalten sich sein ganzer Schmelz, seine mineralische Kraft und das Aroma der reifen und kerngesunden Beeren, in denen das goldene Herbstlicht eingefangen ist. Die sehr fruchtbetonten halbtrockenen, edelsüßen Weine von Weingart sind über jeden Zweifel erhaben. Die Spät- und Auslesen aus dem Bopparder Hamm Feuerlay, Ohlenberg und Engelstein sind in ihrer feinsten Ausprägung wunderschöne Mittelrhein-Rieslinge in fein gewebter Form. Glasklarer Grand-Canyon-Stil, präzises Süß-

Säure-Spiel, teils sogar überschwengliche Frucht: »Der Gipfel des Berges funkelt/im Abendsonnenschein«, heißt es im Loreleylied von Heinrich Heine.

Weiter nördlich weitet sich schließlich das Tal, bevor es in der Andernacher Pforte wieder enger zusammenrückt. Die Gemeinde Leutesdorf ist die letzte große Riesling-Bastion des Rheins auf dem Weg des Stroms zum Meer. Allerdings liegt hier immenses Potenzial brach.

»Rund 60 Prozent der Weinberge sind Steilstlagen mit einem Gefälle zwischen 70 bis 75 Prozent«, sagt Horst Peter Selt vom Weingut Selt. »Allerdings wurde 2005 für den Jahrgang 2006 beschlossen, dass alle Leutesdorfer Lagen unter der Bezeichnung Gartenlay firmieren, auch Weine aus dem Forstberg und Rosenberg.«

Weingut Selt
Zehnthofstraße 22
D-56599 Leutesdorf
Tel. +49 (0)26 31/7 51 18
Fax +49 (0)26 31/7 73 52
E-Mail: weinmaster@weingutselt.de
www.weingutselt.de
Öffnungszeiten: Sa. 9–18 Uhr und nach Vereinbarung

Als einen wesentlichen Grund vermutet Selt den Cuvée-Gedanken. Denn einige Winzer verschneiden den Ertrag aus mehreren Lagen, der dann eben unter dem prestigeträchtigen, letztlich aber irreführendem Namen der historisch bedeutsamen Lage Gartenlay abgefüllt wird – wobei die lagenrein ausgebauten Weine auf der Strecke bleiben.

Daher greift Selt auf einen Kniff zurück und vermarktet seine Weine ab dem Jahrgang 2006 unter den Namen Rosenschiefer, Blauschiefer und Goldschiefer. Rosenschiefer steht für den Rosenberg, wo auf dem Schieferverwitterungsboden mit Bims elegante, feinfruchtige Weine mit blumiger Note und dem typischen Rosenparfüm wachsen – besonders rassig ist der halbtrockene Kabinett. Blauschiefer bezeichnet zukünftig die Weine aus dem Forstberg mit seinem Schieferverwitterungsboden, Löss-Lehm und Grauwacke. Aus Trauben dieser Lage keltert Selt sehr gehaltvolle Weine mit exotischen Fruchtaromen – die trockene Spätlese hat überdies richtig Würze und mineralische Kraft. Feiner und eleganter schmecken die Weine vom Goldschiefer, also aus der Gartenlay, mit seinem gelblich-bräunlichen Schieferverwitterungsboden, der mehr Feinerde enthält. Hier wachsen auch zwischen 1895 und 1898 gepflanzte wurzelechte Reben, und die daraus gekelterte Auslese schmeckt absolut unverwechselbar.

So setzt hoch im Norden ein wurzelechtes Relikt aus einer einst so glorreichen Mittelrhein-Blütezeit ein deutliches Ausrufezeichen in einer Region, die sich erst jetzt allmählich

Weingut Scheidgen
Hauptstraße 10
D-56598 Hammerstein
Tel. +49 (0)26 35/23 29
Fax +49 (0)26 35/60 82
E-Mail:
winzer@weingut-scheidgen.de
www.weingut-scheidgen.de
Öffnungszeiten: Mo.–Sa. 8–19 Uhr,
So. und an Feiertagen 9.30–18 Uhr

wieder auf ihre Wurzeln besinnt. Dabei gibt es aber auch noch Neuland zu entdecken wie etwa im Bereich der Burgundersorten – weiter nördlich rund um Hammerstein etwa keltert das WEINGUT SCHEIDGEN immer bessere Burgunder, und vielleicht liegt auch im Gebiet von Unkel weiteres Potenzial für erstklassige Burgunder brach. Viele Tagesausflügler fahren an die Ahr, aber warum sollte eben nicht auch der Mittelrhein noch stärker locken?

Baudenkmäler von historischer Bedeutung wie die Kauber Burg Gutenfels sind hier in einer Fülle und Dichte wie in kaum einer anderen europäischen Kulturlandschaft erhalten, und die beeindruckende Kulisse mit ihrer Vielzahl von kleinteiligen, vom Menschen überformten Naturräumen, ihren oft kleinparzellierten Rebterrassen und ihrer bemerkenswerten Artenvielfalt ist eine der großartigsten Weinlandschaften – nicht nur im gesamten deutschsprachigen Raum! Gleichwohl steht das Gebiet an einem Wendepunkt: Neue Ansätze sind gefordert, um seine Lebensfähigkeit zu erhalten. Weinberge, Winzer und Weine jedenfalls haben es verdient – vorausgesetzt allerdings, die Rieslinge haben genügend Rasse und Spiel, und der Grand Canyon schimmert im Glas.

Ganz so wie es gerade die beiden dänischen Weinmacher Vivi Hasse und Lars Dalgaard aus Manubach formulieren, die wegen ihrer Herkunft die Dinge vielleicht offener und unbefangener auf den Punkt bringen: »Die wildromantische Landschaft des Mittelrheins sollte man im Wein schmecken können. Die wilde, zerklüftete Felsenlandschaft, und am Hang gegenüber, oder gleich daneben, die Umsetzung vom Menschen: Strukturierte Rebenhänge, wo der Schieferfelsen sich als gehauene Mauerbänder am Wegesrand wiederfindet. Für uns geht es darum, diesen *spirit of place* im Wein einzufangen. Die ursprünglichen Kräfte und die strukturierte Ordnung durch den menschlichen Maßstab.«

Mittelrheintal in Zahlen

Rebsorte	**1981**	**2005**	**Trend**
Gesamt-rebfläche	981 ha	657 ha	⇩
Weiße Rebsorten insgesamt	92,86 % = 911 ha	74,73 % = 491 ha	⇩⇩
Riesling	70,23 % = 689 ha	61,04 % = 401 ha	⇩⇩
Müller-Thurgau	9,17 % = 90 ha	3,96 % = 26 ha	⇩⇩
Kerner	4,18 % = 41 ha	2,44 % = 16 ha	⇩
Silvaner	3,26 % = 32 ha	1,22 % = 8 ha	⇩⇩
Weißer Burgunder	0,2 % = 2 ha	2,13 % = 14 ha	⇧
Grauburgunder	0,51 % = 5 ha	0,91 % = 6 ha	⬀
Sonstige	5,3 % = 52 ha	3,04 % = 20 ha	⇩
Rote Rebsorten insgesamt	6,83 % = 67 ha	25,27 % = 166 ha	⇧⇧
Blauer Spätburgunder	6,22 % = 61 ha	20,09 % = 132 ha	⇧⇧
Portugieser	0,31 % = 3 ha	1,07 % = 7 ha	⬀
Dornfelder	–	2,13 % = 4 ha	⇧⇧
Sonstige	0,31 % = 3 ha	1,83 % = 12 ha	⇧

Quellen: Regierungspräsidium Darmstadt, Dezernat Weinbauamt Eltville; Statistisches Landesamt Rheinland-Pfalz; Der deutsche Wein- und Getränkemarkt in Zahlen, Bd. I, von Prof. Dr. Helmut Kalinke, Geisenheim 1985; Geschichte des Weinbaues am Siebengebirge in Stichworten, Dr. Konrad Keipert, Bonn, Januar 1999, Landwirtschaftskammer Rheinland; Weinbau im Siebengebirge, Dr. Konrad Keipert, April 1997, überarbeitet M. Kohl, September 2004, Landwirtschaftskammer NRW; Der Rheingaukreis von Dr. Richter zu Koblenz, Herausgegeben von dem Kreisausschuss des Rheingaukreises, Rüdesheim am Rhein im Selbstverlag des Kreisausschusses 1920, Landwirtschaftskammer NRW.

Diese Statistik umfasst – vermutlich erstmals – das gesamte Mittelrheintal von Rüdesheim/Bingen bis hoch ins Siebengebirge und subsumiert die Flächenanteile der drei Bundesländer Hessen, Rheinland-Pfalz und Nordrhein-Westfalen. Frappierend sind der Steillagenverfall und Rückgang der Rebflächen, insbesondere in den Seitentälern. So standen 1908 im eigentlichen Anbaugebiet Mittelrhein (also ohne den Rheingauanteil) noch 2519 Hektar unter Reben, während das Gebiet 2005 445 Hektar bestockte Rebfläche umfasste. Im Rheingauabschnitt zwischen Assmannshausen und Lorchhausen auf der rechten Rheinseite betrug anno 1900 die Gesamtrebfläche 292 Hektar, wie Christoph Presser vom Weinbauamt in Eltville recherchierte, davon entfielen 261 auf weiße Sorten und 31 Hektar auf Spätburgunder (wohl im Bereich Assmannshausen). Riesling machte damals aber nur 19 Hektar aus, während Silvaner auf 45 Hektar kam und selbst der Weiße Elbling mit 30 Hektar quantitativ stärker vertreten war. Der Rieslinganteil nahm um 1900 im Rheingau erst in dem Gebietsabschnitt von Rüdesheim und weiter östlich deutlich zu!

WEITERE EMPFOHLENE WEINGÜTER

Weingut Didinger
Rheinuferstraße 13
D-56340 Osterspai
Tel. +49 (0)26 27/5 12
Fax +49 (0)26 27/97 12 72
E-Mail: WeingutDidinger@web.de
www.weingut-didinger.de
Öffnungszeiten Gutsausschank:
täglich ab 15 Uhr, außer Mi.

Weingut und Destillerie Fetz-Sonnenhang
D-56348 Dörscheid
Tel. +49 (0)67 74/15 48
Fax +49 (0)67 74/82 19
E-Mail: weingut@fetz-weine.com
www.fetz-weine.com
Öffnungszeiten:
Mo. u. Mi.–Fr. 9–12 und 13–19 Uhr, Sa. und So. 10–12 und 13–15 Uhr

Eva Fricke
Suttonstr. 14
D-65399 Kiedrich
Tel./Fax: +49 (0)61 23/70 36 58
E-Mail: eva.fricke@gmx.net
Lorcher Riesling kann absolut brillant sein. Er ist vom Schiefer geprägt, aber eben genau diese charakterfeste, gradlinige Brillanz und Rasse ist prototypisch für besten Rheinwein. Die neuen Weine von Eva Fricke, der Betriebsleiterin des Weinguts Josef Leitz in Rüdesheim (s. Seite 20), zeigen trotz mächtigen Körpers ein enormes mineralisches Fundament und ein Säurespiel, das den Weinen eine frappierende Leichtigkeit verleiht. Hier ist Saftigkeit ein Ausweis unerhörter Charakterstärke, denn obwohl Eva Fricke erst seit dem Jahrgang 2006 diese großartige neue Interpretation der noch immer unterschätzten Lorcher Lagen keltert, vermitteln die Weine bereits jetzt ein Leuchtturm-Gefühl: Sie strahlen ein profundes Selbstbewusstsein einer talentierten Winzerin aus, die international geschult ist und ihr Handwerk u. a. bei den Weingütern Buitenverwachting bei Kapstadt, Château Cissac in Bordeaux oder bei Dominio de Pingus im spanischen Ribera del Duero lernte. Die Rebfläche beträgt derzeit 0,55 Hektar. Ziel ist es, bis auf zwei Hektar aufzustocken. Ausgebaut werden die Weine in einem Kiedricher Weingut, wo Eva Fricke den Keller mitsamt Inventar gemietet hat. Die Weinberge sind Steillagen mit einem Rebalter von 14 (Krone) und 43 Jahren (Schlossberg). Ab 2008 kommt die völlig vernachlässigte Lage Lorchhausener Seligmacher hinzu. Ein Wein wie der 2007er Lorcher Krone Auslese trocken ist schon jetzt derart aufregend mit seinen kaleidoskopartigen, feinstrahligen Aromen und dem mineralischen Nachgeschmack, dass Eva Fricke quasi aus dem Stand die tradierten Lorcher Verhältnisse auf den Kopf gestellt und sich an die hiesige Spitze katapultiert hat.

Weinbauern Hofmann & Sturm
Blücherstr. 146
D-55422 Bacharach
Tel. +49 (0)69/98 97 43 47
E-Mail: info@hofmannundsturm.de
www.hofmannundsturm.de
Öffnungszeiten: nach Vereinbarung
In den Steillagen am Mittelrhein gibt es viele Weinberge, die außerordentlich schwierig zu bewirtschaften sind, aber das Potenzial für außergewöhnliche, charaktervolle Weine haben. Als Quereinsteiger, die sozusagen mit nichts, also auch ohne Maschinen, starteten, haben Marco Hofmann (Physiker) und Martin Sturm (Journalist) hierin eine Chance gesehen und gründeten 2002 den Betrieb Hofmann & Sturm. Parallel zu der praktischen Arbeit im Weinberg haben sie sich durch Studium und Ausbildung im Weinbau weitergebildet. Seit 2007 bewirtschaftet Marco Hofmann alleine 0,6 Hektar Weinberge. Mittlerweile hat er sein Studium Weinbau und Önologie in Geisenheim abgeschlossen und ist seit 2006 wissenschaftlicher Mitarbeiter im Fachgebiet Weinbau in Geisenheim. Verdient gemacht hat sich dieses Gut insbesondere auch durch die Rekultivierung einer brachliegenden Terrasse mit 60-jährigen wurzelechten Reben aus einer fast vergessenen, einst berühmten Spitzenlage: dem Kauber Roßstein. Diese bewirtschaftet nach dem Ausstieg von Martin Sturm das Oberweseler Weingut Heinrich Weiler mittlerweile im Alleinbesitz. »Der Roßstein spendete uns immerhin noch das Wappentier, ein Mufflon«, sagt Hofmann mit einem Hauch Wehmut, »Mufflons leben wild auf der rechten Rheinseite. Bewirtschaftet werden nun einige Flächen, die ansonsten wohl zum Teil brachliegen würden. Im Steeger St. Jost verhindert ein großer Felskopf oberhalb der Reben die Mechanisierung mit dem Seilzug, in der Wolfshöhle ist es eine steile Böschung, die die Bearbeitung erschwert. Die Fläche mit dem Spätburgunder im Oberweseler St. Martinsberg ist so steil, dass man bei jedem zweiten Schritt auf den Knien landet. Das bewog den Winzer dazu, uns den Weinberg zu verpachten.«
Die – günstigen – Rieslinge jedenfalls zeigen vitalen, rassigen Schiefer-

charakter und sind geradezu Affronts gegen den Steillagenverfall. Der Steeger St. Jost Kabinett trocken etwa lebt von der Saftigkeit im Mund, dem feinen mineralischen Bukett, den Noten von frisch aufgeschnittenen Zitrusfrüchten und Guave. Gehaltvoller und konzentrierter ist die Spätlese trocken aus der Bacharacher Wolfshöhle; das Zähnefletschen verrät Spannung, aber das Zupacken kommt hier von den reifen, feinen Aprikosen und nicht von einem viel zu spitzen Säurebiss. Als schwungvolle Saftrakete startet hingegen der halbtrockene Kabinett Steeger St. Jost aus einer Gletscherspalte hoch hinauf, während die dezent rauchige 2006er Kauber Roßstein Auslese nach in der Sonne glitzerndem Schiefer duftet. Das alles sind sehr überzeugende Weine für echte Entdecker.

Weingut Robert König
Landhaus Kenner 1
D-65385 Assmannshausen
Tel. +49 (0)67 22/10 64
Fax +49 (0)67 22/4 86 56
E-Mail:
info@weingut-robert-koneig.de
www.weingut-robert-koenig.de
Öffnungszeiten: Mo.–Fr. 8–12 Uhr, nachmittags und Sa. nach Vereinbarung

Weingut Wilhelm Mohr Erben
Rheinstraße 21
D-65391 Lorch
Tel. +49 (0)67 26/94 84
Fax +49 (0)67 26/16 94
E-Mail: info@weingut-mohr.de
www.weingut-mohr.de
Öffnungszeiten: Mo.–Sa. 10–12 und 14–17 Uhr und nach Vereinbarung

Weingut Karl Ottes
Binger Weg 1a
D-65391 Lorch
Tel. +49 (0)67 26/83 00 83
Fax +49 (0)67 26/83 00 84
E-Mail: info@weingut-ottes.de
www.weingut-ottes.de
Öffnungszeiten: nach Vereinbarung

Weingut August und Thomas Perll
Oberstraße 77–81
D-56154 Boppard
Tel. +49 (0)67 42/39 06
Fax +49 (0)67 42/8 17 26
E-Mail: post@perll.de
www.perll.de
Öffnungszeiten: Mo.–Fr. 10–13 und 15–19 Uhr, Sa. 10–13 Uhr, So. nach Vereinbarung

Weingut Walter Perll
Ablaßgasse 11
D-56154 Boppard
Tel. +49 (0)67 42/36 71
Fax +49 (0)67 42/30 23
E-Mail: walt.perll@t-online.de
www.walter-perll.de
Öffnungszeiten:
Mo.–Fr. 9–12 und 14–18 Uhr, Sa. 9–14 Uhr, So. 10–12 Uhr und nach Vereinbarung

Weingut Heinrich Weiler
Mainzer Straße 2
D-55430 Oberwesel
Tel. +49 (0)67 44/3 23
Fax +49 (0)67 44/72 78
E-Mail: weingut-weiler@gmx.de
www.weingut-weiler.com
Öffnungszeiten: nach Vereinbarung
Die Spitzenlage des Weinguts Heinrich Weiler ist zweifellos der Kauber Roßstein mit bis zu 100-jährigen wurzelechten Reben, die ihre Wurzeln tief in den kargen Fels mit wärmespeicherndem Schiefer und Buntsandstein gesenkt haben. Der einst so berühmte Roßstein ist eine der wenigen Weinlagen in der Region, die vollständig nach Süden ausgerichtet ist. Der Aufwand ist gewaltig. »Es gibt wenige Winzer, die eine Stunde brauchen, um mit Auto, Fähre und einem Gang über Bahnschienen in einen Weinberg zu gelangen, um diesen zu bestellen«, sagt Inhaber und Winzer Stephan Fendel aus Oberwesel. »Geplant ist aber sogar eine weitere Aufstockung der Rebfläche in stillgelegten Parzellen und eine noch intensivere Pflege der vorhandenen Reben.« Ein bisschen provokant fügt der Winzer hinzu: »Zum Thema Rekultivierung ist zu sagen, dass jedes Jahr, in dem ein Weinberg mit einem Alter von 50 bis 80 Jahren weiter intensiv gepflegt wird, schon für sich genommen ein Stück Rekultivierung darstellt.«
Besonders fasziniert der typische rauchige Roßstein-Ton, der selbst in den hochkonzentrierten Riesling-Auslesen mit ihren feinen Honignoten transparent durchschimmert. Die Roßstein-Rieslinge von Stephan Fendel sind also keineswegs aalglatte Charmeure, sondern haben trotz ihrer Opulenz eine natürliche Spannung und ausgewiesene mineralische Würze. Die, in lobender Manier, wohltuenden Ecken und Kanten zeigen sich am besten bei den hochgradigen, trockenen Rieslingen mit ihrem durchaus rassigen Fundament. Man schmeckt eben den besonderen Boden und die hohe Ausreifung, wobei die Frucht nicht so ins Exotische changiert, sondern eher in klassischer Manier an saftige, süße Weinbergspfirsiche und Aprikosen erinnert. Neben einem leckeren, gehaltvollen Spätburgunder hat Stephan Fendel auch einen richtig schmelzigen, trockenen Grauburgunder Oberweseler Römerkrug von 50-jährigen Reben in petto: Ein für die Qualität enorm günstiger Wein, der großes Trinkvergnügen bereitet, an vollsaftige Butterbirnen, Melonen und Lindenblüte erinnert. Er zeigt, dass im Mittelrheintal auch weiße Burgunder zu guter Form auflaufen können.

HOTELS UND RESTAURANTS

ASSMANNSHAUSEN

Hotel Krone Assmannshausen
Rheinuferstraße 10
D-65385 Assmannshausen
Tel. +49 (0)67 22/40 30
Fax +49 (0)67 22/30 49
E-Mail: info@hotel-krone.com
www.hotel-krone.com
Die Rheingauer Institution unterhalb des Höllenbergs. Herrlicher Ausblick auf das romantische Rheintal. Das 450 Jahre alte romantische Gasthaus verfügt mit den Spätburgundern des Weinguts Krone über eine ausgezeichnete Weinkarte.
Preiskategorie: €€€

BACHARACH

Landhaus Delle
Gutenfelsstraße 16
D-55422 Bacharach-Henschhausen
Tel. +49 (0)67 43/17 65
Fax +49 (0)67 43/10 11
E-Mail:
info@landhaus-delle-hotel.com
www.landhaus-delle-hotel.com
Exquisites Weinhotel auf der Rheinhöhe bei Bacharach, die Weinkarte bietet auf 78 Seiten mehr als 1300 Positionen!
Preiskategorie: €€

Stübers Restaurant
Langstraße 50
Auf der Stadtmauer
D-55422 Bacharach
Tel. +49 (0)67 43/12 43
Fax +49 (0)67 43/14 13
E-Mail:
info@rhein-hotel-bacharach.de
www.rhein-hotel-bacharach.de
Öffnungszeiten: täglich 11.30–14 und 17.30–21 Uhr, Di. nur für Hotelgäste
Preiskategorie: €€

BOPPARD

Bellevue Rheinhotel
Rheinallee 41
D-56154 Boppard
Tel. +49 (0)67 42/10 20
Fax +49 (0)67 42/10 26 02
E-Mail: info@bellevue-boppard.de
www.bellevue-boppard.de
Super-stilvolles Ambiente.
Preiskategorie: €€

KAUB

Hotel Deutsches Haus
Schulstraße 1
D-56349 Kaub
Tel. +49 (0)67 74/2 66
Fax +49 (0)67 74/91 92 20
E-Mail: kirdorf@hotel-deutsches-haus-kaub.de
www.hotel-deutsches-haus-kaub.de
Öffnungszeiten: Di.–So. 11.30–14 und 17.30–21.30 Uhr, Mo. Ruhetag
Großartige schroffe Steilheit und Enge des deutschen Grand Canyons: Hier im Deutschen Haus in Kaub sind wir inmitten dieser einzigartigen Landschaft. Küchenchef Willi Kirdorf zelebriert bodenständige, regionale Küche, Edgar Kirdorf bietet dazu 200 Weine insbesondere aus der Region und einen wunderbar entspannten Service: ohne Goldrand am Teller, ohne übersichtliche Dekoration und Etepetete-Ästhetik. Stattdessen eine reiche Auswahl von Salaten, Nudelgerichten, Fischen, Wild und Fleisch. Besonders zu empfehlen: Der herrlich mürbe und aromatische Sauerbraten vom Weidebullen mit samtig-hausgemachten Kartoffelklössen und feinsäuerlichem Apfelkompott.
Preiskategorie: €

KÖNIGSWINTER

Weinhaus Gut Sülz
Bachstraße 157
D-53639 Königswinter-Oberdollendorf
Tel. +49 (0)22 23/30 10
Fax +49 (0)22 23/27 86 30
www.weinhaus-gutsuelz.de
Öffnungszeiten: Mo.–Fr. ab 16 Uhr, Sa., So. und an Feiertagen ab 12 Uhr, im Winter Mo. Ruhetag.
Am Fuße des Siebengebirges liegt diese vorbildliche Weinstube, dessen Weinkarte ihresgleichen sucht: eine sensationelle Auswahl an deutschen Weinen, insbesondere auch gereiften Rieslingen vom Mittelrhein zu erstaunlich günstigen Preisen.
Preiskategorie: €

LORCH

Straußwirtschaft Weingut Wilhelm Mohr Erben
Rheinstraße 21
D-65391 Lorch
Tel. +49 (0)67 26/94 84
Fax +49 (0)67 26/16 94
E-Mail: info@weingut-mohr.de
www.weingut-mohr.de
Willkommen im Mohr's Weingeist, der neuen Straußwirtschaft mit hausgemachten Speisen und regionalen Spezialitäten. Hier lassen sich in legerer Atmosphäre Freistaat-Flaschenhals-Spezialitätenteller, Wildspezialitäten zu den saftigen, pfiffigen Rieslingen und dichten Spätburgundern des Hauses probieren.
Preiskategorie: €€

Gutsschänke Weingut Karl Ottes
Binger Weg 1a
D-65391 Lorch
Tel. +49 (0)67 26/83 00 83
Fax +49 (0)67 26/83 00 84
E-Mail: info@weingut-ottes.de
www.weingut-ottes.de
Öffnungszeiten: März bis Mai, Juli, September, Oktober Fr. ab 17 Uhr, Sa. und So. ab 15 Uhr
Ein ungewöhnlicher Familienbetrieb mit immer besseren Weißweinen und teils erstaunlichen Kalibern vom Spätburgunder. Im gemütlichen Gutsausschank mit herrlichem Rheinblick werden neben bekannten Rheingauer Gerichten wie Wisperforelle auch Sushi angeboten. Fumiko Ottes, die ihren Mann Gerald Ottes während ihres Weinbaustudiums in Geisenheim kennenlernte, ermöglicht die außergewöhnliche deutsch-japanische Liaison.
Preiskategorie: €€

OBERWESEL

Burghotel – Restaurant Auf Schönburg
Auf Schönburg
D-55430 Oberwesel
Tel. +49 (0)67 44/9 39 30
Fax +49 (0)67 44/16 13
E-Mail:
huettl@hotel-schoenburg.com
www.burghotel-schoenburg.de
Öffnungszeiten Restaurant:
täglich 12–24 Uhr
Sensationelle Panorama-Lage und stilvolles, historisches Ambiente zum Speisen und Übernachten.
Preiskategorie: €€

ST. GOAR

Hotel Schloss Rheinfels
Schlossberg 47
D-56329 St. Goar
Tel. +49 (0)67 41/80 20
Fax +49 (0)67 41/80 28 02
E-Mail: info@schloss-rheinfels.de
www.schloss-rheinfels.de
Preiskategorie: €€

UNKEL

Rheinhotel Schulz
Vogtsgasse 4–7
D-53572 Unkel
Tel. +49 (0)22 24/90 10 50
Fax +49 (0)22 24/9 01 05 99
E-Mail: info@rheinhotel-schulz.de
www.rheinhotel-schulz.de
Preiskategorie: €€

REGISTER
WEINGÜTER, RESTAURANTS UND HOTELS

Weingut Ferdinand **Abel** 68
Die **Adler Wirtschaft** 71
Weingut Fritz **Allendorf** – Georgshof 68
Weingut Friedrich **Altenkirch** 111
Burghotel – Restaurant **Auf Schönburg** 135
Gutsausschank im **Baiken** 71
Weingut J. B. **Becker** 38
Beckers Weingarten 74
Bellevue Rheinhotel 134
Bischöfliches Weingut Rüdesheim 68
Weingut Georg **Breuer** 40
Weingut & Weinhandel Stefan **Breuer** 68
Weinhotel **Breuer's** Rüdesheimer Schloss 73
Burg Schwarzenstein 72
Weingut **Chat Sauvage** 68
Landhaus **Delle** 134
Hotel **Deutsches Haus** 134
Weingut **Didinger** 132
Diefenhardt'sches Weingut 71
Weingut **Dienst** 97
Weingut Friedrich **Fendel** 68
Weingut und Destillerie **Fetz-Sonnenhang** 132
Weingut Joachim **Flick** 92
Winzergenossenschaft **Frauenstein** eG 97
Eva **Fricke** 132
Weingut Stefan **Gerhard** 69
Weinhof Gutsschänke **Goldatzel** 72
Weingut **Hamm** 69
Gutsausschank Weingut **Hanka** 72
Weingut Emmerich **Himmel** 87
Hochheimer Rieslingstuben 97
Weinbauern **Hofmann & Sturm** 132
Weinstube der Familie **Höhn** 97
Weingut **Johannishof** 54
Weingut Toni **Jost-Hahnenhof** 117
Weingut Jakob **Jung** 36
Weingut Graf von **Kanitz** 110
Weingut Dr. Randolf **Kauer** 119
Weingut August **Kesseler** 107
Hessische Staatsweingüter **Kloster Eberbach** 64, 110
Klosterschänke im **Kloster Eberbach** 71
Weingut J. **Koegler** 71
Weingut Robert **König** 133
Weingut **Königin-Victoriaberg** 85
Hotel **Krone** Assmannshausen 134
Weingut **Krone** 105
Kronenschlösschen 71
Weingut Peter Jakob **Kühn** 26
Gutsausschank Weingut **Kühn** 73
Weingut Franz **Künstler** 79
Restaurant **La Fayence** 97
Wein- und Sektgut Goswin **Lambrich** 123
Weinhaus Hans **Lang** 69
Weingut Freiherr **Langwerth von Simmern** 58
Weingut **Lanius-Knab** 122
Weingut Josef **Leitz** 20
Weingut Fürst **Löwenstein** 48
Domäne **Mechtildshausen** 97
Weingut **Mehl** 74
Straußwirtschaft Weingut Wilhelm **Mohr** Erben 134
Weingut Wilhelm **Mohr** Erben 133
Weingut Matthias **Müller** 126
Weingut G. H. von **Mumm** 69
Weingut Heinz **Nikolai** 69
Gutsschänke vom Weingut Karl **Ottes** 135
Weingut Karl **Ottes** 133
Weingut August und Thomas **Perll** 133
Weingut Walter **Perll** 133
Weingut Fred **Prinz** 48
Weingut und Gästehaus **Querbach** 73
Weingut **Ratzenberger** 118
Rebenhaus 73
Weingut Balthasar **Ress** 69
Schamari-Mühle 69
Weingut **Scheidgen** 130
Weinschänke **Schloss Groenesteyn** 73
Domäne **Schloss Johannisberg** 50
Gutsschänke **Schloss Johannisberg** 72
Weingut **Schloss Reinhartshausen** 61
Hotel **Schloss Rheinfels** 135
Restaurant **Schloss Schänke** 72
Gutsrestaurant **Schloss Vollrads** 73
Weingut **Schloss Vollrads** 55
Weingut Michael **Schön** 70
Domäne Weingut **Schloss Schönborn** 59
Rheinhotel **Schulz** 135
Turmschänke von **Schumann-Nägler** 72
Weingut **Selt** 129
Weinhaus **Sinz** 97
Sekthaus **Solter** 70
Weingut **Speicher-Schuth** 70
Weingut **Spreitzer** 35
Klosterweingut Abtei **St. Hildegard** 69
Weingarten Weingut Thilo **Strieth** 73
Weingut Thilo **Strieth** 70
Stübers Restaurant 134
Weinhaus Gut **Sülz** 134
Trenz Gutsausschank 72
Weingut **Trenz** 70
Weingut **Villa Riesling** 115
Weingüter **Wegeler** 49
Weingut Robert **Weil** 42
Weingut Heinrich **Weiler** 133
Weingut **Weingart** 127
Weingut Domdechant **Werner** 85
Weinhaus und Hotel **Zum Krug** 72
Gasthaus **Zur Schlupp** 74